영남대학교 인문학 육성총서 10

중국 현대 애정시선 I

中國現代愛情詩選

중국 현대 애정시선 I

中國現代愛情詩選

발행일 2014년 8월 20일 초판 1쇄

지은이 루쉰 외

편역자 박운석·맹 유·김현주

펴낸이 노석균

디자인 곽민경·김하은·유민혜

펴낸곳 영남대학교출판부

등록 1975년 9월 5일 경산 제16-1호

주소 경북 경산시 대학로 280

전화 053) 810-1801~3

팩스 053) 810-4722

홈페이지 book.yu.ac.kr

ISBN 978-89-7581-486-0 03820

이 도서의 국립중앙도서관 출판예정도서목록(CIP)은 서지정보유통지원시스템 홈페이지(http://seoji.nl.go.kr)와 국가자료공동목록시스템(http://www.nl.go.kr/kolisnet)에서 이용하실 수 있습니다.(CIP제어번호 : CIP2014022853)

영남대학교 인문학 육성총서 10

중국 현대 애정시선 I

中國現代愛情詩選

루쉰 외 지음

박운석 · 맹 유 · 김현주 편역

영남대학교출판부

차례

일러두기

- 이 애정시집은 왕자신(王家新) 등이 편찬한 《중국현대애정시선(中國現代愛情詩選)》(長江文藝出版社, 1981)에서 38수를 선별하여 번역한 것이다.
- 이 책의 구성은 번역시, 작품 감상, 작가 소개, 원시(原詩)의 순서로 되어 있다.
- 작품 배열은 대체로 중국에서 작품이 발표된 순서에 따랐다.
- 원시 아래에 작품의 출처 및 발표 시기를 밝혀 놓았다.
- 작품 감상과 작가 소개에 참고한 서적이나 논문 및 인터넷 자료 등의 출처는 일일이 다 밝히지 않았다.
- 원시(原詩)는 발표 당시에 사용한 번체자(繁體字)로 표기하였다.
- 작품 감상과 작가 소개에 한자가 필요한 경우, 괄호 안에 표기하였다.
- 중국 인명과 지명 등 고유명사의 표기는 국립국어원의 외래어표기법에 따랐다.

큐피드

루쉰

하늘에서 날개를 펼치고 선 아이
한 손엔 화살을, 한 손엔 활을 당기고 있네.
순간 화살이 내 가슴에 꽂혀 버렸네.
 "큐피드여, 그대 멋대로 쏘아 주니 참으로 고맙구나!
 하지만 난 누구를 사랑해야 하지?"
큐피드는 안타까워 고개를 가로저으며 말하네. "아이참,
그대 나름 생각이 있는 사람이 나한테 그걸 묻다니.
 그대가 누굴 사랑해야 하는지 내가 어떻게 알겠어?
 내 활은 이미 당겨졌는걸!
 누군가를 사랑한다면 죽도록 그녀를 사랑하면 되고,
 그 누구와도 사랑에 빠지지 않겠다면 스스로 목숨을 던져도 좋아."

작품 감상 5·4 시기에 발표된 〈사랑의 신 큐피드〉는 봉건적 결혼제도의 부조리를 말하였는데, 시인은 여기에서 '누구를 사랑해야 하는지'에 대한 문제를 제기하였다.
그 당시 중국에서 사랑의 신 큐피드는 바로 다름 아닌 부모인데, 자신의 생각과는 무관하게 혼사가 이루어졌으며, 루쉰도 예외가 아니었다. 루쉰의 어머니는 루쉰의 아버지가 돌아가시자 혼자 아이들을 길렀다. 어머니는 집안의 대가 끊길까 걱정하여 장남 루쉰이 난징수사학당(南京水師學堂)에서 공부하던 19살에 이미 배필을 찾고 있었다. 루쉰의 어머니는 주안(朱安)을 본 후 고분고분하고 순종할 것 같아서 마음에 들어했다. 1906년 6월, 결국 루쉰은 어머니의 뜻에 따라 일본 유학에서 돌아와 주안과 결혼했으며, 며칠 후 일본으로 돌아갔다. 이 시는 자신의 애정 생활에 대한 가슴 아픈 추억일 것이다.

작가 소개 루쉰(魯迅 : 1881～1936). 본명은 저우수런(周樹人), 저장성(浙江省) 사오싱(紹興) 사람이다. 일본에서 유학하던 중, 중국의 국민성에 대한 뼈아픈 자각을 하고 중국과 중국인을 계몽하기 위해 의학에서 문학으로 전공을 바꾸었다. 1918년 중국 최초의 현대 백화소설 〈광인일기(狂人日記)〉를 '루쉰(魯迅)'이라는 필명으로 발표함으로써 문학혁명을 더욱 촉진시켰다. 1921년에는 중국인의 근성을 신랄하게 파헤친 걸작 〈아큐정전(阿Q正傳)〉을 발표하였다. 1936년 병으로 사망하였다.
주요 작품으로는 소설집 《외침(吶喊)》, 《방황(彷徨)》, 《고사신편(故事新編)》, 산문 시집 《들풀(野草)》, 산문집 《아침 꽃을 저녁에 줍다(朝花夕拾)》, 전문 저서 《중국소설사략(中國小說史略)》 등이 있다.

愛之神

魯迅

一個小娃子，展開翅子在空中，
一手搭箭，一手張弓，
不知怎麽一下，一箭射着前胸。
“小娃子先生，謝你胡亂栽培！
但得告訴我：我應該愛誰？”
娃子着慌，搖頭說，“唉！
你是還有心胸的人，竟也說這宗話。
你應該愛誰，我怎麽知道。
總之我的箭是放過了！
你要是愛誰，便沒命的去愛他；
你要是誰也不愛，也可以沒命的去自己死掉。”

1918.

選自一九一八年五月《新青年》第四卷第五號

병 · 제8수

귀모뤄

그대 내 곁에 말없이 앉아 있지만,
다른 이들의 눈길이 염려되어 그댈 바라보기가 조심스러워요.
하염없이 고개를 파묻고 있는 당신,
근심으로 속을 태우고 있는 건 아닌가요?

손은 비록 소매 속에 감춰져 있지만
마음은 이미 당신을 끌어안고 있어요.
이것이 어떠한 죄도 아니라는 것을 믿어요.
흰 구름이 달빛을 껴안고 있지만 언제 훼손된 적 있나요?

작품 감상 《병》은 첫 수(首)인 헌시(獻詩) 한 수와 42수의 단시(短詩)들로 이루어진 사랑을 노래한 서정 장시이다. 화산이 폭발하는 식의 감정으로 애정을 열렬히 추구하는 시인과, 반봉건적인 혁명 의의를 갖춘 사상적 내용을 표현하였으며, '독창적 형식'과 '아름답고 소탈한 예술 풍격'으로 많은 사람들을 매료시켰다.

《병》은 순결한 소녀를 향한 한 남자의 고통과 넘치는 기쁨, 그리고 사랑에 빠졌지만 또한 가망이 없는 연정을 그렸다. 궈모뤄는 이 이야기에 진실한 감정을 주입하여 일인칭으로 천천히, 잊지 못하는 사랑 이야기를 서술하였다.

작가 소개 궈모뤄(郭沫若 : 1892~1978). 본명은 궈카이전(郭開貞), 호는 상우(尙武). 쓰촨성(四川省) 러산(樂山) 사람으로, 시인이며 고고학자이자 역사학자이다. 1914년 일본으로 건너가 유학하였으며, 1921년 신시집 《여신(女神)》을 발표하였고, 청팡우(成仿吾) · 위다푸(郁達夫) 등과 창조사(創造社)를 조직하였다. 창조사는 1926년에 혁명문학으로 전변(轉變)하였다. 중국과학기술대학교 교장, 중국과학원(中國科學院) 원장, 전국정협(全國政協) 부주석 등을 지냈다.

《중국사고(中國史稿)》, 《갑골문합집(甲骨文合集)》 등을 주편하였으며, 시집으로는 《여신》(1921), 《별이 빛나는 하늘(星空)》(1923), 《전모(前茅)》(1928), 《병》(1925), 《회복(恢復)》 등이 있다. 그의 모든 작품은 《궈모뤄 전집(郭沫若全集)》 38권에 수록되어 있다.

瓶・第八首

郭沫若

你默默地坐在我的身旁，
我顧慮着他們不好盼望。
你目不旁瞬地埋着頭兒，
你是不是也有幾分顧慮？

我的手雖藏在衣袖之中，
我的神魂已經把你抱擁。
我相信這不是甚麽犯罪，
白雲抱着月華何曾受毁？

22日夜

병 · 제16수

봄꾀꼬리의 노래

귀모뤄

아가씨, 아, 아가씨,
그대는 정말 지혜로운 아가씨예요!
그대가 나에게 준 이 한 송이 매화가
이토록 붉고 향긋할 수가!

이 향기는 매화에서 나온 것이 아니겠지요?
이 향기는 그대의 가슴속에서 뿜어 나온 것인가요?
이 향기는 그 어느 봄술보다 더 향긋하고
나의 시 읊는 소리를 떨리게 하네.

아, 아가씨, 그대는 이 꽃 중의 일인자,
한 송이 한 송이 꽃에서, 나는 그대의 초롱초롱한 눈을 보았네.
난 그대의 향긋한 마음을 깊이 빨아
삼키려고 하나 차마 입을 벌리지 못하겠네.

아, 아가씨, 나는 죽어도 여한이 없겠네.
만약 내가 죽을 때가 되면
아, 만약 내가 죽을 때가 되면
난 이 한 송이의 꽃을 내 마음속에 삼키겠네!

그때가 되면 아, 아가씨,
나를 그대의 서호 가까지 실어
영봉[1]에 묻거나
방학정[2] 옆에 묻어줘요.

그때 매화가 나의 살에서
매실 다섯 개 열리게 하면
이 매실이 다시 매화나무 숲으로 되어
아, 나는 진정으로 영원히 죽지 않겠군요!

그때, 아, 아가씨
그대, 가야금 들고 오면
나는 그대의 맑고 은은한 가야금 소리에 맞춰
매화가 만발하도록 할게요!

그때 때맞춰 봄바람 불어
매화를 꽃무덤으로 모으면
그대와 그대의 가야금은
영원히 나의 꽃 속에서 연주하리.

그때 온 우주에서 그윽한 향기 풍기고

---

1 영봉(靈峰) : 저장성 항저우(杭州) 서호 서쪽에 있는 산으로, 현재는 매화 관광지로 유명하다.

2 방학정(放鶴亭): 중국에는 방학정이 여러 곳에 있다. 장쑤성(江蘇省) 쉬저우(徐州)의 윈룽산(雲龙山)에 있는 방학정은 소식(蘇軾)이 쓴 방학정기(放鶴亭記)로 유명하다. 이 시에서는 저장성 서호 북쪽의 고산(孤山)에 있는 방학정을 말한다.

온 우주에서 맑은 소리 퍼지면
우리 둘은 어둠 속에 숨고
꾀꼬리가 날아와 감상하네.

꾀꼬리 즐거이 부르는 노래는
우리를 찬양하네.
나는 꽃 속에서 몰래 웃고
그대는 가야금으로 가락을 맞추네.

(꾀꼬리의 노래)
"몇 해 전 한 아가씨,
흥이 나서 영봉에 갔더니
영봉에 매화가 만개하여
매화꽃 다섯 송이 땄네.

그녀가 꽃을 바늘로 꿰어
한 시인에게 보냈더니
그 시인 너무 어리석어
꽃을 삼키고서 목숨을 잃었다네.

그 시인 죽은 후
그의 유골 영봉에 묻히고
몇 해 지나
또 하나의 매화나무 숲으로 솟아났네.

봄이 오자 그 아가씨
그의 무덤 앞에서 애도하며 성묘하네.
매화나무 위에 꽃망울 달렸으나
무덤 위 봄풀 아직 돋지 않았네.

무덤 앞에 선 그 아가씨,
가야금 몇 번 켰다네.
겨우 몇 번 켰는데
매화 꽃망울 모두 터졌네.

나무 위 맑은 향기 휘날리고
나무 아래 가야금 소리가 곱고 낭랑하네.
별안간 광풍이 휘몰아치더니
가야금 켜던 아가씨 사라져 버렸네.

바람 지나간 후 온통 낙화(落花)뿐,
쓸쓸한 무덤은 꽃무덤이 되었네.
가야금 켜던 아가씨 사라졌으나
가야금 소리가 무덤 속에서 흘러나오네."

(에필로그)
아, 나에게 진정 그럴 때가 있다면
나는 지금 당장이라도 죽고 싶네.
그대, 나의 어리석은 간청을 들어줄 수 있다면
빨리 와서 나의 시체를 거둬 주오!

작품 감상 〈봄꾀꼬리의 노래〉는 〈병〉의 제16수로, 연시(聯詩) 중에서 편폭이 가장 길다. 시는 모두 세 부분으로 나누어진다. 시의 첫 번째 부분은 '만약'이라고 가정하였으며, 두 번째 부분인 〈꾀꼬리의 노래〉에 이르러서는 민간전설 이야기를 중국판 로미오와 줄리엣 이야기처럼 썼다. 시인은 미련하고 순진하게 아가씨가 자신처럼 연인을 위해 죽음도 마다하지 않는 깊은 감정을 가지고 있기를 바랐는데, 이는 당연히 순진한 사랑에 대한 갈구이다. 〈에필로그〉에서 "아, 나에게 진정 그럴 때가 있다면 나는 지금 당장이라도 죽고 싶네."라며 시인의 속마음을 드러냈다.

이 시는 매화로 홍미를 불러일으켜 매화가 부여한 사랑을 처음부터 끝까지 일관되게 표현하였는데, 불타는 격정은 온화하고 우아한 시구에 녹아들어 있다.

瓶・第十六首

春鶯曲

郭沫若

姑娘呀，啊，姑娘，
你眞是慧心的姑娘！
你贈我的這枝梅花
這樣的暈紅呀，淸香！

這淸香怕不是梅花所有？
這淸香怕吐自你的心頭？
這淸香敵賽過百壺春酒。
這淸香戰顫了我的詩喉。

啊，姑娘呀,你便是這花中魁首，
這朵朵的花上我看出你的靈眸。
我深深地吮吸着你的芳心，
我想吞下呀，但又不忍動口。

啊，姑娘呀，我是死也甘休，
我假如是要死的時候，
啊，我假如是要死的時候，
我要把這枝花吞進心頭！

在那時，啊，姑娘呀，
請把我運到你西湖邊上，
或者是葬在靈峰，

或者是放鶴亭旁。

在那時梅花在我的屍中，
會結成五個梅子，
梅子再迸成梅林，
啊，我眞是永遠不死！

在那時，啊，姑娘呀，
你請提着琴來，
我要應着你清繚的琴音，
盡量地把梅花亂開！

在那時，有識趣的春風，
把梅花吹集成一座花塚，
你便和你的提琴
永遠彈弄在我的花中。

在那時，遍宇都是幽香，
遍宇都是清響，
我們倆藏在暗中，
黃鶯兒飛來欣賞。

黃鶯兒唱着歡歌，
歌聲是贊揚你我，
我便在花中暗笑，
你便在琴上相和。

(鶯之歌)

“前幾年有位姑娘，
興來時到靈峰去過，
靈峰上開滿了梅花，
她摘了花兒五朵。

她把花穿在針上，
寄給了一位詩人，
那詩人眞是痴心，
呑了花便丢了性命。

自從那詩人死後，
經過了幾度春秋，
他屍骸葬在靈峰，
又迸成一座梅藪。

那姑娘到了春來，
來到他墓前吊掃，
梅上已綴着花苞，
墓上還未生春草。

那姑娘站在墓前，
把提琴彈了幾聲，
剛好才彈了幾聲，
梅花兒都已破綻。

清香在樹上飄揚，
琴弦在樹下鏗鏘，

忽然間一陣狂風，
不見了彈琴的姑娘。

風過後一片殘紅，
把孤墳化爲了花塚，
不見了彈琴的姑娘，
琴却在塚中彈弄。”

(尾聲)
啊，我眞個有那樣的時辰，
我此時便想死去，
你如能恕我的痴求，
你請快來呀收殮我的遺屍！

병 · 제31수

궈모뤄

나는 미쳐 날뛰는 바다,

그녀는 고요한 달빛.

그녀는 분명 내 마음속에 있는데,

오히려 멀리 하늘 저 끝에 걸려 있네.

끊임없이 손을 뻗어 잡으려 해도

슬픈 메아리만 공허하게 울리네.

작품 감상 시인은 자신의 이상이 과부(夸父)가 태양을 좇는 것처럼, 이백(李白)이 달을 따는 것처럼 열성적으로 좇았으나 결국은 절망적일 수밖에 없고, 애타는 사랑은 아득하고 아름다우면서 부질없고 허망하다고 여긴다. 그래서 "그녀는 분명 내 마음속에 있지만, 오히려 멀리 하늘 저 끝에 걸려 있네. 끊임없이 손을 뻗어 잡으려 해도 슬픈 메아리만 공허하게 울리네."라며 슬퍼한다. 시인의 슬픔은 5·4 운동 퇴조기 때 청년들이 이상을 상실하고 온화한 사랑도 얻지 못하는 고뇌하는 심정을 간절하게 묘사하였다.

瓶·第三十一首

郭沫若

我已經成瘋狂的海洋，

她却是冷靜的月光！

她明明在我的心中，

却高高掛在天上，

我不息地伸手抓拿，

却只生出些悲哀的空響。

20日 午

병 · 제42수

귀모뤄

어젯밤 여명이 밝아 올 때,
나는 그녀의 마지막 편지를 읽었네.
편지 속의 많은 공백들이
나를 놀라게 하네.

그녀는 "사랑하는 그대여……
아, 사실은 저도……
말하려 해도 말할 수 없었던 것은
그대가 슬퍼할까 두려웠기 때문이에요.

지금에 와서 그대가 이렇게 고민을 하니
사랑하는 그대여, 차라리 솔직하게 고백할게요.
나는 이미 독신으로 살겠다고 결심했어요.
이것은 내가 그대에게 할 수 있는 유일한 보답……"

아, 애석하게도 나는 편지를 다 읽기 전에
뜻밖의 즐거움에 꿈에서 깨어나네.
깨어나 사방을 둘러보니
깨진 꽃병이 무덤 앞에 흩어져 있네.

작품 감상 이 시는 연시인《병》의 마지막 편으로, 두 연인이 서로 사랑하지만 같이 있지 못하는 비애를 생생하게 묘사하였다. 사실, 아가씨도 시인과 마찬가지로 사랑의 고통을 겪었으며, 시인을 깊이 사랑하지만 시인의 사랑을 받아들일 수 없으므로 연인의 사랑에 대한 보답으로 독신으로 살겠다고 결심한다. 시인은 아가씨의 사랑에 기뻐하면서도 아가씨가 독신으로 살겠다고 해서 또 절망한다. "깨진 꽃병이 무덤 앞에 있네." 구절이 시인의 애정의 결말이다. 위의 분석에서《병》은 시인의 온유한 사랑에 대한 동경, 간절한 사랑, 사랑 때문에 불타는 기쁨과 고통, 생사를 같이하는 진지한 사랑과 지조가 봉건 예교의 울타리를 허물고, 사랑과 자유를 쟁취한 행복의 찬가를 노래하였음을 알 수 있다.

瓶・第四十二首

郭沫若

昨夜裏臨到了黎明時分，
我看見她最後的一封信來。
那信裏夾着許多的空行，
我讀後感覺着異常驚怪。

她說道："哥哥喲，你在……
啊，其實呀，我也是在……
我所以總不肯說出口來，
是因爲我深怕使你悲哀。

到如今你既是那麼煩惱，
哥哥喲，我不妨直率地對你相告：
我今後是已經矢志獨身，
這是我對你的唯一的酬報……"

啊，可惜我還不曾把信看完，
意外的歡娛驚啓了我的夢眼：
我醒來向我的四周看時，
一個破了的花瓶倒在墓前。

30日晨

選自《沫若文集・一》，人民文學出版社 一九五七年版

꼭

후스

그녀는 날 사랑할지도 몰라. 아직도 날 사랑할지도 몰라.
하지만 자신을 사랑하지 말라고만 하고
날 탓하기만 하는구나.
어느 날, 그녀는 글썽이는 눈으로 나를 바라보며 말했지.
"그대는 어찌 아직도 내 생각뿐인가요?,
날 생각하며 어찌 그 사람을 대할 수 있단 말인가요?
　그대가 진정으로 나를 사랑한다면
나에 대한 마음을 그 사람에게 주세요.
날 대하는 마음으로 그 사람을 대하세요."

그 말 다 맞는 말.
주여, 도와주소서.
제가 꼭 그렇게 할 수 있도록.

작품 감상 후스의 〈꼭〉은 주인공의 독백을 통해 자신의 사랑에 대한 감정을 표현하였다. 이 시는 세 사람이 서로 얽혀있는 애정관계를 확연히 드러내고 있다.

전반적인 글의 내용은 한 여자가 자신의 사랑을 포기함으로써 남자와 그분을 이어주려고 하는 것으로 보인다. 그녀는 눈물이 앞을 가리지만, 자기에 대한 사랑의 마음을 그분에게 주라고 하고, 자신을 대하는 마음으로 그를 대하라 한다. 그리고 남자는 그녀의 말에 결국 수긍을 하고, '꼭 그렇게 할 수 있도록' 하나님께 도움을 청한다. 진정한 사랑이 바로 눈앞에 있지만 포기해야만 하는 그 마음이 얼마나 괴로울까?

후스는 비록 정신적으로는 진정한 사랑을 찾았지만, 그의 두 발은 항상 부인의 그늘에서 벗어나지 못하였다.

작가 소개 후스(胡適 : 1891～1962). 안휘성(安徽省) 지시(績溪) 사람이고, 자(字)는 스즈(適之)이다. 미국에 유학하였으며, 베이징대학교 총장, 주미대사, 중앙연구원장 등을 역임한 중국의 대석학(大碩學)이다. 1917년 〈문학개량추의(文學改良芻議)〉를 발표했고, 1918년 〈건설적 문학혁명론(建設的文學革命論)〉에서 신문학의 도구로써 문언문(文言文)에 반대하고 백화문(白話文) 사용을 주장하여 문학혁명의 선구자가 되었다. 1920년, 중국 최초의 신시집(新詩集)인 《상시집(嘗試集)》을 펴냈다.

주요 저서로는 《중국고대철학사(中國古代哲學史)》, 《백화문학사(白話文學史)》, 《후스문존(胡適文存)》, 《상시집》, 《중국철학사 대강(中國哲學史大綱)》 등이 있다.

應該

胡適

他也許愛我，—— 也許還愛我，——
但他總勸我莫再愛他。
他常常怪我；
這一天，他眼淚汪汪的望着我，
說道：“你如何還想着我?
想着我，你又如何能對他?
你要是当真愛我，
你應該把愛我的心愛他，
你應該把待我的情待他。”

他的話句句都不錯：——
上帝幫我!
我“應該”這樣做!

1919年 3月 20日
選自《嘗試集》，亞東圖書館一九二二年增訂四版

내 어찌 그녀를 생각하지 않으리

류반농

하늘에는 엷은 구름 펼쳐 있고
땅에는 실바람 살랑살랑 불어오네.
아!
실바람이 내 머리카락을 흩날리는데
내 어찌 그녀를 생각하지 않으리.

달빛이 바다를 사랑하며
바다도 달빛을 사랑하네.
아!
꿀처럼 달콤한 은하수 가득한 밤,
내 어찌 그녀를 생각하지 않으리.

물 위에 떨어진 꽃잎은 유유히 흐르고
물 밑에 물고기들은 유유히 노니네.
아!
제비야, 네가 무슨 말을 하든
내 어찌 그녀를 생각하지 않으리.

고목은 찬바람에 흔들리고
들불은 황혼 빛 속에서 타오르네.
아!
서쪽 하늘 아직 노을이 남아 있는데
내 어찌 그녀를 생각하지 않으리.

작품 감상 첫 번째 단락은 대낮을, 두 번째 단락은 달밤을, 세 번째 단락은 늦봄을, 네 번째 단락은 늦가을을 묘사하였다. "내 어찌 그녀를 생각하지 않으리"는 연인을 생각하며 지은 시이지만, 많은 사람들은 이 시의 '그녀'가 중국을 가리킨다고 생각한다. 이 시는 이국에서 고향을 그리워하는 류반눙의 마음을 나타냈다. 낮부터 밤까지, 봄부터 가을까지, 하늘에서 바다까지, 여기에 구름도 있고, 바람도 있고, 달빛도 있고, 꽃잎도 있다. 이 모든 것들은 타향을 떠도는 나그네가 언제 어디서든 자신의 조국, 고향, 가족 그리고 연인을 마음 깊이 그리워한다는 것을 암시한다. '그녀'라는 의미의 '타(她)'라는 글자를 처음으로 만들어 사용한 시로 유명하다.

작가 소개 류반눙(劉半農: 1891~1934). 이름은 류푸(劉復), 자는 반눙(半農), 장쑤성 장인(江陰) 출생. 문학가이자 언어학자이다. 신문화 운동에 적극적으로 참여하였으며, 문언문에 반대하고 백화문 사용을 주장하였다. 프랑스에서 국가문학박사 학위를 받고, 1925년에 귀국하여 베이징대학교 국문과 교수가 되었으며, 1934년 병사하였다. 루쉰(魯迅)은 류반눙이 진보적 청년으로 《신청년》에 등장하여, 만년에 보수화하기까지의 과정을 《류반눙 군을 회고하며(憶劉半農君)》에 기록하였다.
주요 작품으로 《양편집(揚鞭集)》, 《와부집(瓦釜集)》, 《반눙잡문(半農雜文)》, 《초기 백화시고(初期白話詩稿)》, 《사성실험록(四聲實驗錄)》 등이 있다.

教我如何不想她

劉半農

天上飄着些微雲，
地上吹着些微風。
啊！
微風吹動了我頭髮，
教我如何不想她？

月光戀愛着海洋，
海洋戀愛着月光。
啊！
這般蜜也似的銀夜，
教我如何不想她？

水面落花慢慢流，
水底魚兒慢慢游。
啊！
燕子你說些什麼話？
教我如何不想她？

枯樹在冷風裏搖，
野火在暮色中燒。
啊！
西天還有些兒殘霞，
教我如何不想她？

1920.9.4.倫敦

選自《中國新文學大系》第八集，上海良友圖書印刷公司印行一九三五年十月版

하필

왕즈루이

그댈 만날 생각 없었는데

하필 꿈에 나타나네.

꿈에서 만났는데

하필 밤새가 우네.

밤새는 나와 무슨 상관있길래

하필 나를 잠 못 들게 하는가!

잠 못 자면 그만인데

하필 달빛이 은은히 비추네.

작품 감상 이 시는 표현이 완곡하고 깊이가 있다. 실연당했을 때의 비통한 심정을 표현한 듯하다. 화자는 그를 잊으려고 마음먹었으나 그가 꿈에 나타나는 바람에 잊으려는 계획이 물거품이 되고 그 사람 생각이 나서 마음이 괴로운데, 여기에다 밤새와 달빛마저 더욱 그를 생각나게 하여 잠 못 이루게 된다. 겉으로 보기에는 그를 잊지 못하는 이유를 꿈과 밤새와 달빛 탓으로 돌리고 있다. 포기하려고 마음먹었는데도 잊지 못하고 또 계속 나타나는 그를 어쩔 수 없는 자신의 무능함이라고 하소연하는 듯하다.

이 시는 필치가 간결하며, 우아한 운치 가운데 철학적 사고와 쓸쓸함이 담겨져 있다.

작가 소개 왕즈루이(王志瑞 : ?~?). 현대 시인이자 아동 문학가이다. 《제국주의(帝國主義)》와 《꼬마 친구(小朋友)》 등의 아동 잡지를 주편하였으며, 우옌인(吳研因)과 《초등학교 역사과목 교수법(小學歷史科敎學法)》을, 웨이시위(韋息予)와 뤼보여우(呂伯攸)와 함께 《초등학교 사회 교과서(小學社會課本)》를 공동 편집하였다.

偏是

王志瑞

我原不想見他，

偏是夢裏見着！

既然夢裏見着，

偏是夜鳥叫着！

夜鳥干我甚事，

偏是鬧得我睡不着！

睡不着也罷了，

偏是那月亮兒又淡淡的照着！

選自北社編一九一九年《新詩年選》，亞東圖書館一九二二年八月版

근심을 맞이하는 노래

—— 청환에게 바치는 시

위핑보

1

사랑스러운 샘물은 마르게 두고
사랑스러운 불꽃은 꺼지게 두자!
오늘이 오기 전 꿈같이 연기같이
오늘이 지나가면 안개같이 암흑같이.
오늘의 지금
잠시 입 맞추며 잠시 붙잡고 잠시 아끼면서
마음 깊이 새겨두는
이 내 근심이 미련하기도 하구나!
앞길의 광명은 묻지 마라, 암담하구나!
그대! 나!
누가 노래하는가? 누가 화답하는가?
노래하자! 화답하자!
우리 모두가!

"너와 나 문을 열어!
너와 나 문을 열어!
사랑의 뿌리와 잎, 가슴속에 심었는데
가슴속에서 시들어 시들어 떨어지네.
영원히 그윽한 향기가 멀리 흩어지길 바라네!
슬프다! 참으로 슬프다!"

2

세차게 흐르는 물과 같은
오랜 근심은 우리를 내던지고 가버리고,
빼곡한 산과 같은
새로운 근심은 우리를 향해 오는구나.
4년 전 아무 근심 없었고
4년 사이 근심이 생겨났으며
4년 뒤 근심이 자라나겠지.
근심이 자라나면 어찌해야 한단 말이냐?
그대와 나!
부수어 버리려 해도 힘이 없고
말하려 해도 마음이 없구나.
그저 입 맞추면서, 그저 붙잡고서, 그댈 아끼면서,
그저 말없이 참아내야 하네.
참고 또 참으면
근심은 오래되면 없어지니 결국 사라지네.
우리 근심의 만가를 부르고
모든 만가를 기쁘게 맞이하리.
그대와 나!
누가 노래하는가? 누가 화답하는가?
노래하자! 화답하자!
우리 모두가!

"너와 나 근심의 빛을 가져오자!
너와 나 근심의 빛을 가져오자!

빗진 근심은 바다와 같구나.
바다같이 커도 메마를 것이니
영원히 근심의 구름을 불어 흩어버리자!
슬프다! 참으로 슬프다!"

작품 감상 이 시는 작가의 대표 시집 《겨울밤(冬夜)》에서 발췌하였다.

첫 번째 수에서는 오늘 이 순간을 기점으로 하여 근심을 떠안게 되었다고 작가의 마음을 직설적으로 표현하여, 그나마 애정시에 가깝다고 느낄 수 있다. 둘째 수는 근심이 지나가면 또 언젠가는 새로운 근심이 몰려와 그 고비를 넘겨야 된다는 것과, 어차피 견뎌내야 할 시련이라면 '매도 먼저 맞는 게 낫다'라는 말이 있듯이 빚을 져서라도 그 근심을 빨리 해소하고 싶다는 것을 표현하였다.

이 시는 애정시와 연관 짓기에는 조금 부족한 부분이 있으나 사랑으로 인해 가져오게 되는 근심과 걱정을 슬퍼하는 것보다는 기쁜 마음으로 맞이하자고 자신 혹은 상대방을 달래고 있다.

작가 소개 위핑보(兪平伯 : 1900~1990). 본명은 위밍헝(兪銘衡). 저장성 더칭(德淸) 사람. 시인 겸 문예비평가. 학자 집안에서 태어나 베이징대학교를 졸업하였다. 시인으로 출발하여 뒤에 산문 작가로 활약하였으며, 고전 연구에도 힘을 쏟았다. 《겨울밤》(1922), 《서환(西還)》, 《생각(憶)》 등 시집 세 권을 내었으며, 고전소설 《홍루몽(紅樓夢)》을 이야기한 《홍루몽변(紅樓夢辨)》(1923)으로 인해 비평가로서 알려지게 되었다. 그는 사(詞) 분야에서도 《사를 읽다가 우연히 얻다(讀詞偶得)》(1931) 등 독자적인 인상주의적 감상문을 발표하였다. 특히 《홍루몽 연구(紅樓夢硏究)》는 1954년 말 리시판(李希凡) 등이 그의 연구 방법을 비판한 것을 계기로, 중국 문화계에 '홍루몽 논쟁'이라는 커다란 사상 운동이 일어나게까지 하였다.

歡愁底歌

——呈長環

俞平伯

一

歡愛底泉奈他竭，
歡愛底焰奈他滅！
今日之前，如夢如烟；
今日之後，如霧如漆；
今日底今日——
且吻着，且握着，且珍重着；
且牢牢記着，
耿耿地這一点点痴愚；
且莫問前路底光明，昏黑！
君啊！我啊！
誰歌？誰和？
且歌！且和！
大家歌，大家和啊！

"你和我把門來開！
你和我把門來開！
歡情底根葉，栽向懷中來，
在懷中，有雕謝；——
愿長把馨香消散！
哀！……哀哀！……"

二

似滔滔的水，
舊愁棄我們去了，

似疊疊的山，
新愁呢，向着我們來。
四年之前愁未生，
四年之間愁初生，
四年之後愁將長成。
愁長成，將奈何？
你和我！
打破 —— 無這力啊，
愿嘴 —— 無此心啊；
只吻着，只握着，只珍重着，
只默默的忍着。
忍着，忍着，
愁將老死，將終於老死。
我們唱愁的挽歌，
歡所生的挽歌。
君啊，我啊！
誰歌？誰和？
且歌！且和！
大家歌，大家和！

"你和我把債來賒！
你和我把債來賒！
賒來的離憂，大啊大如海。
大如海，會枯乾；——
愿長把愁雲吹散！
哀！——哀哀！——"

1921年 10月 31日

選自《冬夜》，亞冬圖書館一九二二年三月版

의문

캉바이칭

2

꽃잎은 심연 속,

나는 거울 속.

그녀는 내 마음속,

아, 아, 그녀의 마음속에 정녕 내가 있을까?

작품 감상 이 시는 4구로 된 아주 짤막한 애정시지만 짧은 몇 마디 속에 그리움과 애정을 자연스럽게 드러내고 있어서 독자에게 소박하면서도 애틋한 정을 느끼게 한다.

〈의문〉은 전형적인 소시(小詩)의 모습을 보여주고 있다고 할 수 있다. 1921년부터 1924년까지 중국 신시 시단에서는 소시 열풍이 일었는데, 적게는 한두 줄, 많게는 네다섯 줄로 쓰인 소시체는 한 시대를 풍미하는 시체가 되었다. 이 시기는 5·4 신문화 운동의 고조가 이미 한차례 사그라든 때로서, 군벌세력이 점차 거세지고 농촌 경제는 이미 피폐해진 상황이었다. 5·4 신문화 운동으로 자극을 받아 희망에 가득 차 있던 수많은 지식인들은 고민하고 방황하였다. 그들은 어두운 현실 사회에서 무력감을 느꼈으며 고독과 절망에 사로잡혔다. 또한 그들은 늘 복잡한 '의문'에 사로잡혔다. 이로 인해 시인들은 더욱더 감수성이 풍부해져서 꽃잎 하나, 풀 한 포기, 별 하나, 바람 한 점에도 마음이 여려졌다. 이 시는 이러한 작가의 여린 감수성을 잘 표현하였다.

작가 소개 캉바이칭(康白情 : 1896~1945). 쓰촨성 안웨(安岳) 사람. 자는 훙장(洪章). 1916년 베이징대학교에 입학하였다. 1918년에는 뤄자룬(羅家倫), 푸쓰녠(傅斯年) 등과 신문학 단체 신조사(新潮社)를 조직, 1919년 5·4 운동에 참가하여 적극적으로 활동하였다. 또한 문학 혁명을 주장하였으며, 같은 해에 소년중국학회(少年中國學會)에 가입하였다. 1919년 월간《신조(新潮)》를 편집하였으며, 아울러 많은 신시를 발표하기 시작하였다. 주요 작품으로는 시집《풀(草兒)》,《풀은 앞에(草兒在前)》,《하상집(河上集)》등이 있다.

疑問

康白情

二

花瓣兒在潭裏;

人在鏡裏;

她在我底心裏,

只愁我在不在她底心裏?

1919年 11月 北京

選自《草兒在前集》, 東亞圖書館一九二四年七月修正三版

불빛

주쯔칭

캄캄한 어둠 속에서 밝게 빛나는

한 줄기의 노란 불빛이여.

나는 너의 눈부신 빛 속에서

그녀의 아름다운 두 눈을 응시하네.

작품 감상 주쯔칭은《단시와 장시(短詩與長詩)》에서 다음과 같이 말했다. "예술에 있어서 단시(短詩)는 암시와 신축성 있는 표현을 중시하므로 독자들에게 많은 형상들이 금방이라도 튀어나올 것 같은 느낌이 들게 해 준다." 이 시는 4구절로 된 단시이기도 하다. 시인은 캄캄한 어둠 속에서 밝게 빛나는 한 줄기의 노란 불빛이라는 형상을 빌려 그녀의 빛나고 매력적인 두 눈을 더 돋보이게 함으로써 그녀에 대한 자신의 연모의 정을 생생하게 드러냈다.

작가 소개 주쯔칭(朱自淸 : 1898~1948). 자는 페이셴(佩弦). 장쑤성 둥하이현(東海縣) 출생. 산문가이자 시인이며 학자이다. 1923년 장시(長詩)《훼멸(毁滅)》을《소설월보(小說月報)》에 발표하였고, 다음 해에 시와 산문을 모은《종적(踪迹)》을 출판하였다. 그 후 1935년《〈중국신문학대계 · 시집(中國新文學大系·詩集)》을 편집하는 등 시 비평가로 이름을 떨쳤다. 1928년 산문집《배영(背影)》으로 위다푸(郁達夫)와 쌍벽을 이루는 산문작가로 일컬어졌다.
작품으로《너와 나(你我)》,《배영》,《하당월색(荷塘月色)》,《눈 내린 아침(雪朝)》,《종적》,《시언지변(詩言志辨)》 등이 있다.

燈光

朱自清

那泱泱的黑暗中熠耀着的

一顆黃黃的燈光呵，

我將由你的熠耀裏，

凝視她明媚的雙眼。

2. 22

選自《踪迹》，亞東圖書館一九三〇年十一月三版

뱃사공

류옌링

1

하늘에 떠 있는 달
바다에 떠 있는 배.
그는 두 손으로 얼굴을 괴고
선상 어두운 곳에 숨었네.

2

깜빡이는 달,
　솟구치는 파도가
하늘과 바다 맞닿은 곳에 고향 비출까 두렵네.
하지만
석류화 곱게 핀 우물 옆에
대나무 꼿꼿이 세워
그녀의 청색 옷 널어둔 것이 떠오르네.

작품 감상 《뱃사공》은 제삼자의 관점에서 나그네가 타향에서 고향을 그리워하는 마음을 서술하고 있다. 첫 번째 단락의 '하늘에 떠 있는 달, 바다에 떠 있는 배' 이 두 구는 광활하고 넓은 배경을 나타내는데, 광활한 하늘에 높이 떠 있는 희고 밝은 달, 한없이 넓은 바다에 외로이 떠 있는 배 한 척이 물결치는 대로 흘러간다. 이러한 배경은 뱃사공의 고독하고 외로운 심정을 더욱 돋보이게 한다. "그는 두 손으로 얼굴을 괴고 선상 어두운 곳에 숨었네."에서는 뱃사공이 근심에 사로잡혀 있는 모습을 암시했으며, '솟구치는 파도'로 고향에 대한 그리움을 비유하였다. 마지막 부분에서는 고향의 정경을 아름답게 묘사하고 있다. 고향의 우물가에는 석류화가 눈부시게 피어있고, 사랑하는 사람의 옷이 대나무에 걸려 있다. 이 시를 읽으면 달콤한 슬픔이 흘러넘치는 것 같다.

작가 소개 류옌링(劉延陵 : 1894~1988). 안휘성(安徽省) 징더현(旌德縣) 사람이고 문학연구회의 회원이다. 그는 중국 최초의 신시 잡지인 《시(詩)》 월간지의 편집장이었고, 최초로 프랑스 상징파 시와 그 이론을 중국에 소개한 개척자이기도 하다. 1920년 5월부터 언어와 영어 교편을 잡았고, 학생문학단체인 '신광사(晨光社)'와 '호반시사(湖畔詩社)'의 고문을 맡았다. 후에 저장성고등학교에 임직하다가 항일전쟁 이후에 난양(南洋)으로 가 교편을 잡았고, 그 후에 신문사에 종사하면서 싱가포르 《연합만보(聯合晩報)》 편집장을 맡았다.

水手

劉延陵

一

月在天上，
船在海上，
他兩隻手捧住面孔，
躲在擺舵的黑暗地方。

二

他怕見月兒眨眼，
　　海兒掀浪，
引他看水天接處的故鄉。
但他却想到了
石榴花開得鮮明的井旁，
那人兒正架竹子，
曬她的青布衣裳。

選自《雪朝》，商務印書館一九二二年六月版

실연

쉬즈

나뭇가지 위에 살고 있는 새,
나무가 넘어져 버려
사람 사는 집 대들보에 둥지를 틀었네.
하지만 사랑하는 아가씨, 좀 알려 주오.
만약 대들보도 무너지면
어디로 날아가야 하는지.

시냇물에서 헤엄치는 물고기,
시냇물이 말라 버려
망망대해로 흘러 들어갔네.
하지만 사랑하는 아가씨, 좀 알려 주오.
만약 바닷물마저 말라 버리면
또 어디서 머물 곳을 찾아야 하는지.

내가 어렸을 적,
내 마음은 어머니에 단단히 묶여 있었는데,
어머니 돌아가시어
내 허전한 마음 여기저기 떠돌았네.
후일 한 아름다운 아가씨 만나
이내 그녀에게 사로잡혔네.
하지만 사랑하는 아가씨, 좀 알려주오.
만약 그대마저 나를 사랑하지 않으면
내 마음 어디로 가 머물러야 하는지.

작품 감상 새는 나무에서 서식하며, 나무가 쓰러지면 남의 집 대들보에 둥지를 틀 수 있지만 대들보도 무너지면 새는 서식할 곳조차 없어진다. 나아가 물고기는 물이 없으면 못 산다. 나무나 물은 새와 물고기가 살 수 있는 최소한의 조건으로, 더 이상 상황이 악화되면 목숨까지 잃을 수 있다.
이 시는 '나'의 상황을 비유하였다. '나'도 '네'가 없으면 새와 물고기가 나무와 물이 없는 것과 마찬가지로 어디에 머물지도 모르고 어떻게 살아갈지도 모르는 것이다. 이 세상에 다른 것은 없어도 상관없지만 '너'는 반드시 있어야 된다. 앞부분에서 하늘을 날아다니는 새와 물에서 헤엄쳐 다니는 물고기를 묘사하고 그들의 상황을 '나'의 상황에 비유해서 '내'가 '너'를 얼마나 소중하게 여기는지를 나타내었다. 이 땅에서 중심이 되는 '나'에게 가장 중요한 사람은 '너'이고, '너'는 '나'의 중심이라고 하며 '너'의 중요성을 더욱 강조하였다.

작가 소개 쉬즈(徐雉 : 1899~1947). 5·4 시기 시인. 1899년 저장성 츠시허터우시(慈溪河頭市. 지금의 닝보(寧波) 전하이구(鎭海區))에서 태어났다. 5·4 신문화사조의 영향을 받아 백화시 창작에 열중하였다. 1921년부터 1925년까지는 창작이 활발한 시기였다. 1922년 4월, 그의 시 〈꽃 한 바구니(一籃花)〉와 〈절름발이 개(跛足的狗)〉가 발표된 후 그의 작품은 《소설월보》, 《문학주간》과 《시》 등의 잡지에 계속 등재되었다. 시의 주제는 대부분 봉건예교를 비판하고 자유연애를 찬양하는 것이었으며, 형식은 제한을 받지 않았고, 소박하며 진솔하고 솔직한 언어를 구사하였다. 1928년부터 1937년까지는 엄숙한 사실주의로 소설을 창작하기 시작했다. 1933년 《모르는 애인(不識面的情人)》과 《매춘부(賣淫婦)》 두 단편소설을 출판했다. 항일전쟁(抗日戰爭)이 터진 후 쉬즈는 전투시가를 많이 창작했고 1947년 산베이(陝北)에서 세상을 떠났다.

失戀

徐雉

鳥兒栖息在樹枝上；
樹兒倒了，
他便去巢人家的棟梁。
但是，親愛的姑娘！請告訴我，
假使棟梁也折了，
又叫他飛到何方？

魚兒游泳在小河裏；
河水枯了，
他便飄到汪洋的海裏。
但是，親愛的姑娘！請告訴我，
假使海水也乾了，
又叫他向那裏找安身之地？

我年輕的時候，
我的心緊緊地繫在母親身上。
母親死了，
我閑空的心便到處流浪！
後來碰着了一個美麗的姑娘，
就把她纏住了。
但是，親愛的姑娘！請告訴我，
假使你不愛我，
我的心更向何處去求歸宿？

1922. 10. 9 於東吳大學

選自《中國新文學大系》第八集，上海良友圖書印刷公司 一九三五年十月版

그리움

쉬위눠

흐느낌은 바로 그리움의 소리일 거예요. 왜 당신을 그리워할 때면
  이리도 흐느끼는 소리가 날까요?
그리움은 쓴맛일 거예요. 왜 당신을 그리워할 때면
  이리도 마음이 쓰라릴까요?
그리움의 길은 어둡고도 몽롱할 거예요. 왜
  당신을 그리워할 때면 이리도 혼미해질까요?
나는 희미하고 오래된 이 기억 속에서
  목적 없는 여행을 합니다.

작품 감상 〈그리움〉은 형식에 구애받지 않는 자유체와 약간의 운율시가 결합된 시여서 읽을 때 리듬이 느껴진다. 이 시는 그리워하는 속마음을 솔직하게 표현하였는데, 그 마음을 표현한 것이 아주 강렬하며 솔직하다.

이 시는 소리와 맛과 색이 골고루 갖추어진 감성이 풍부한 시이다. 첫 번째로는 청각적인 비유의 수법을 사용하여 그리움의 정을 슬픈 소리인 '흐느낌'이라 하였고, 두 번째로는 미각적인 비유의 수법을 사용하여 '쓰다'라고 하였으며, 세 번째와 네 번째로는 시각적인 비유의 수법을 사용하여 '어둡다', '희미하다'라고 하였다.

이 시는 그리워하는 마음을 슬프고 비통하게, 부드럽고 아름답게 잘 그려내었으며, 비유의 표현과 어휘의 반복 사용으로 음악적 운율이 느껴지며, 마치 환상 속에서 몽롱한 길을 걷고 있는 듯한 느낌을 준다.

작가 소개 쉬위눠(徐玉諾 : 1893~1958). 본명은 쉬옌신(徐言信), 시인이자 소설가이며, 허난성(河南省) 루산(魯山) 사람이다. 1919년 10월 단편소설 〈양심(良心)〉을 《신보(晨報)》에 등재한 이후 계속해서 《문학주간(文學周刊)》, 《소설월보》에 〈유민(遺民)〉, 〈나의 최후(我的最後)〉, 〈헌 신 한 짝(一只破鞋)〉, 〈조부 이야기(祖父的故事)〉 등의 소설을 발표하였다. 거친 필치로 쓴 이러한 작품들은 전란으로 인해 고통 받는 허난 농민들의 이야기를 묘사한 것이다. 시집 《눈 내린 아침(雪朝. 1922, 朱自淸 등과 합본)》과 《미래의 화원(將來之花園)》(1922)은 문학연구회총서이다. 원이둬(聞一多)는 《미래의 화원》을 '최고의 작품'이라고 극찬하였다.

思念

徐玉諾

嗚咽就是思念之聲吧； 爲什麼我思念你時
　就聽見嗚咽呢？
思念的味道是酸的吧； 爲什麼我思念你時
　心裏就有一種酸味呢！
思念的道路是黑暗而且朦朧的吧； 爲什麼
　我思念你時就昏昏入睡呢？
我在這黑黝黝而陳舊的記憶上，做着沒目
　的的旅行。

1922年 4月 7日

選自《將來之花園》，商務印書館一九三三年版

난초의 바람

왕징즈

어디에서 불어오는가요?
이 난초의 바람.
그윽한 향기 풍기는 난초의 바람.

화원 깊숙이 피어있는 난초
가슴 가득히 슬픔을 간직하고 있네.
난초의 그윽한 향기는 조심스레 화원을 빠져나와
사랑하는 나비를 부르네.

고결한 나비,
난초의 향기로움에
반해서
난초를 찾아가고 싶지만.

구속받는 난초를 나비가 어이 만나리오?
오로지 난초의 바람에 취해서
서글픈 애환을 남몰래 달래며
이리저리 나풀나풀 날아다니네.

작품 감상 시집《난초의 바람(蕙的風)》이 1922년 상하이 아동도서관(亞東圖書館)에서 출판되자 여론은 "퇴폐적이고 경박하다", 혹은 "사람들의 애욕을 고의적으로 자극한다"는 등 도덕적으로 어긋나는 시로 취급하였다.
《난초의 바람》은 한때 센세이션을 불러일으킨 문제작으로, 청춘남녀의 사랑을 대담하게 노래하고 있다. 시에서 난초와 나비는 각각 봉건예교의 속박을 받고 있는 아가씨와 그에 못지않게 사랑을 그리워하는 총각을 상징하고 있으며, 꽃과 나비의 연정은 바로 청춘남녀의 아름다운 사랑을 말하는 것이다. 시에서 난초도 나비도 상대방의 존재를 느끼지만 그들 사이엔 높은 담장이 놓여 있다. 이는 당시의 시대 배경으로 보아 남녀의 사랑을 가로막는 봉건세력을 의미한다. 난초의 향기가 바람을 타고 담장을 넘어 화원 밖으로 퍼져 나가는 것이나 나비가 그 향기를 맡고 난초를 찾아가는 것은 자연적이고 필연적인 현상으로, 시는 이런 자연현상을 빌어 청춘남녀의 열렬한 사랑을 묘사하고 있다.

작가 소개 왕징즈(汪靜之 : 1902~1996). 안휘성 지시현 사람. 1921년부터《신청년》,《신조》,《소설월보》등 간행물에 자유시를 발표, 이듬해 판모화(潘漠華), 잉셔우런(應修人), 펑쉐펑(馮雪峰) 등과 함께 호반시사(湖畔詩社)를 조직했다. 북벌전쟁 시기에는 북벌군 총정치부에서 편찬 업무를 맡았으며 우한(武漢) 국민정부에서《노공월간(勞工月刊)》의 편집을 담당했다. 항전시기에 4인(왕징즈, 잉셔우런, 펑쉐펑, 판모화) 시 전집인《호반(湖畔)》을 출판하였다.
주요 작품으로는《적막한 나라(寂寞的國)》,《시 21수(詩廿一首)》,《호반》,《난초의 바람(蕙的風)》,《예수의 분부(耶蘇的吩咐)》,《아버지와 아들(父與子)》,《작가의 조건(作家的條件)》등이 있다.

蕙的風

汪靜之

是從哪裏吹來
這蕙花的風——
溫馨的蕙花的風?

蕙花深鎖在園裏,
伊滿懷着幽怨。
伊底幽香潛出園外,
去招伊所愛的蝶兒。

雅潔的蝶兒,
薰在蕙花裏:
他陶醉了,
想去尋着伊呢。

他怎尋得到被禁錮的伊呢?
他只迷在伊的風裏,
隱忍着這悲慘然而甜蜜的傷心,
醺醺地翩翩地飛着。

1921年 9月 3日
選自《蕙的風》, 亞東圖書館一九二二年八月版

그녀의 눈길

왕징즈

그녀의 눈길은 따사로운 태양.
그렇지 않다면 어찌 나를 바라보자
얼어붙은 이 내 마음 뜨겁게 녹아내리나?

그녀의 눈길은 매듭을 풀어주는 가위.
그렇지 않다면 어찌 나를 바라보자
갇혀있던 이 내 영혼 자유로워지는가?

그녀의 눈길은 행복의 열쇠.
그렇지 않다면 어찌 나를 쳐다보자
낙원에서 안식하게 되는가?

그녀의 눈길은 우수의 도화선.
그렇지 않다면 어찌 나를 응시하자
근심의 바다에 빠져 버리는가?

작품 감상 첫사랑, 풋사랑, 짝사랑 등 여러 종류의 사랑 중에서 사람의 마음을 한없이 갈증 나게 하는 건 바로 짝사랑이 아닐까? 작가는 태양, 가위, 열쇠, 도화선으로 그녀의 눈길이 자신에게 얼마나 큰 의미로 다가오는지를 은유법과 후렴을 통해 암시적이고 리드미컬하게 풀어냈다. 짝사랑의 대상이 자신을 쳐다보는 것만으로도 살이 녹아내리고 모세혈관이 남김없이 다 터져버릴 듯한 느낌은 짝사랑에 애달아 보지 않았으면 평생을 가도 모를 것이다. 그녀의 눈빛 변화에 오감을 곤두세운 '나'는 천국과 지옥을 오간다. 이 시는 고백 전에 느끼는 떨림보다는 그녀의 시선에서 받는 자신만의 감정을 다양한 해석을 통해 아주 감성적이고 섬세하게 그려냈다.

伊底眼

汪靜之

伊底眼是溫暖的太陽；
不然，何以伊一望着我，
我受了凍的心就熱了呢?

伊底眼是解結的剪刀；
不然，何以伊一瞧着我，
我被鐐銬的靈魂就自由了呢?

伊底眼是快樂的鑰匙；
不然，何以伊一瞅着我，
我就住在樂園裏了呢?

伊底眼變成憂愁的引火線了；
不然，何以伊一盯着我，
我就沉溺在愁海裏了呢?

1922年 6月 4日

選自《蕙的風》，亞東圖書館一九二二年八月版

사랑의 달콤함

왕징즈

거문고 소리 단풍을 사랑하네.
영원한 달콤함에 입 맞추자
단풍은 붉은 얼굴로 부끄러워 멈칫하네.
그들은 서로 마음을 허락하여
한 평생 반려자가 되길 진심으로 원하였네.
늙은 나뭇가지는 원하지 않네.
단풍잎이 자유롭게 거문고 소리에게 시집간다는 걸.
다행히도 단풍잎은 타이름 듣지 않고
마침내 나뭇가지를 떠나네.
거문고 가락을 따라서
거문고 소리와 하나 되어
사뿐히 가을바람을 타고
맑은 하늘에서 춤을 추며 팔랑거리네.

작품 감상 떨어지는 단풍잎을 보고 단순히 자연현상이 아니라 거문고 가락을 사랑하여 단풍잎 스스로 기꺼이 나뭇가지를 떠나 버린다는 상상이 아름답다. 가지에서 떨어져 바람에 흩날리는 꽃잎, 낙엽들이 생명을 다 했다는 느낌보다 이 시의 단풍잎처럼 무언가를 사랑하여 찾아가는 것처럼 느껴진다. 시대적인 상황으로 보아 봉건예교에 구속받는 젊은 남녀 간의 사랑을 상징하는 것이겠지만, 표면적인 느낌 그대로가 더 좋은 듯하다. 가을이 오면 거문고 소리와 단풍잎 같은 사랑을 해보는 건 어떨까?

戀愛底甛蜜

汪靜之

琴聲戀着紅葉，
親了個永久甛蜜的嘴，
吻得紅葉臉紅羞怯。
他倆心心相許，
情愿做終身伴侶。
老樹枝不肯紅葉，
自由地嫁給琴聲。
幸亏紅葉不守教訓，
終於脫離了樹枝，
隨着琴聲的調子，
和琴聲互相擁抱，
翩躚地乘着秋風，
飄上青天去舞蹈。

1921年 10月 17日

選自《蕙的風》，亞東圖書館一九二二年八月版

무제곡

왕징즈

슬픔은 끝없는 하늘,
　쾌락은 온 하늘을 뒤덮은 별.
내 사랑! 그대와 나는
　그 별천지 속의 밝은 달.

깊이 내린 뿌리는 슬픔,
　짙푸른 잎은 쾌락.
내 사랑! 그 위에 피어난
　꽃잎은 그대와 나.

바닷물은 쾌락,
　끝없이 넓은 바다는 슬픔.
바다에서 헤엄치는 물고기는
　그대와 나, 내 사랑!

슬픔은 헤아릴 수 없는 벌집,
　쾌락은 달콤한 벌꿀.
내 사랑! 바쁘게 일하는 꿀벌은
　그대와 나.

작품 감상 이 시는《적막한 나라》에서 발췌한 것인데 제목이 '무제곡'이다. 연인을 사랑하는 데 있어서 제목을 다는 것조차 겉치레로 느껴지는 격렬한 사랑을 시 몇 줄에 담아내기란 참 힘든 일이지만 작가 왕징즈는 차분한 자세로 그려내고 있다. 모든 연인이 그렇듯 항상 기쁠 수만은 없는 사랑 속에서 그들은 서로 마주하고 잡은 두 손을 쉬이 놓을 것 같진 않아 보인다.

이 시는 독자에게 여러 가지 사물을 머릿속에 떠올리게 한다. 끝도 보이지 않는 캄캄한 하늘에 수놓아진 별, 그리고 강렬한 에너지를 내뿜으며 아름다운 자태를 드러낸 달의 의미, 이는 단순한 천체가 아닌, 그녀를 향한 '나'의 뜨거운 사랑 혹은 서로를 애타게 원하는 애틋한 마음을 대변하고 있으며 2, 3, 4연에 묘사된 꽃잎, 물고기, 꿀벌 등도 애절한 사랑을 말하고 있다.

無題曲

汪靜之

悲哀是無邊的天空，
　　快樂是滿天的星星。
吾愛！我和你就是
　　那星林裏的月明。

深深的根就是悲哀，
　　碧綠的葉是快樂。
吾愛！生在那上面的
　　花兒就是你和我。

海中的水是快樂，
　　無涯的海是悲哀，
海裏游泳的魚兒就是
　　你和我兩人，吾愛！

悲哀是無數的蜂房，
　　快樂是香甜的蜂蜜。
吾愛！那忙着工作的
　　蜂兒就是我和你。

1923年秋

選自《寂寞的國》，開明書店一九二七年九月版

아름다운 소녀에게 묻네

판모화

해질 녘 구름옷이 찢어지니
아름다운 소녀가 나한테 알려주네.
직녀가 아름다운 노을로 기울 거라고.
한밤중, 별의 모퉁이가 이지러질 때,
아름다운 소녀가 나한테 알려주네.
그 스산한 숲속에
도깨비불이 훨훨 날아와 메꿔 줄 거라고.
만약 내 그물이 찢어지면
그물 안의 아름다운 나의 꿈,
낮의 꿈, 밤의 꿈,
정오의 꿈.
아름다운 소녀여, 나한테 알려주오.
내가 무엇을 따서 채워 넣을지.

작품 감상 마치 한 편의 동화를 보는 듯하다. 시어들 또한 아름다운 유년시절의 꿈들이 들어있는 고운 언어들이다.
세상에서 어느 한 곳이든 부족한 곳은 다 그것을 메워 줄 만한 대상들이 있다. 그런데 사랑을 갈구하는 듯한 주인공은 마음속 빈 공간을 아름다운 아가씨가 사랑으로 채워주기를 간절히 바라는 듯 애절한 어조로 "아름다운 소녀여, 나한테 알려주오. 내가 무엇을 따서 채워 넣을지."라고 말하고 있다.

작가 소개 판모화(潘漠華 : 1902~1934). 본명은 쉰(訓) 혹은 카이야오(愷堯)이며, 저장성 쉔핑(宣平. 지금의 우이(武義)) 사람이다. 1920년부터 문학을 창작하기 시작하였으며, 1926년에 우한에 가서 국민혁명군에 참가하였고 1927년에는 중국공산당에 가입했다. 1929년 후에는 샤먼(厦門), 허난, 허베이(河北) 등지에서 중학교 교사와 혁명 활동에 종사했다. 그 후에 텐진에 가서 중국좌익작가연맹(中國左翼作家聯盟)에 참가했다. 1933년 말 중공텐진시위선전부장(中共天津市委宣傳部長)으로 재임 시 국민당에 체포되었다. 주요저작으로는《호반(湖畔)》,《봄의 노래(春的歌集)》 등이 있다.

問美麗的姑娘

潘漠華

晚天扯破了雲裳，
美麗的姑娘，你告訴我，
織女將織些錦霞來補去。
夜半天星崩頽了一角，
美麗的姑娘，你告訴我，
那地上陰森的叢林下，
鬼火將飛蓬蓬地昇上來補去。
假使我扯破我底网呢，
那网內是放着我一切美麗的夢，
日的夢，夜的夢，
太陽正当午時的夢；
美麗的姑娘，你告訴我，
我將采擷些什麼來補呢？

選自《應修人潘漠華選集》，人民文學出版社一九五七年版

뤄자[3]의 소야곡(한 수)

판모화

　　　　3월 27일 아침에
나는 가만 가만히 생각에 잠기네.
내 생전에 그대 마음은 나의 무덤,
내 사후에도 그대 마음은 나의 무덤,
그대의 머리카락은 내 무덤을 덮은 풀이라네.

이루 다 말할 수 없는 그리움,
실타래처럼 갈피를 잡을 수 없는 생각들.
그대여, 임을 떠나보낸 나그네에겐
하루가 어찌 이다지도 길단 말이오!

내 손가락은 호미 되어
내 머리를 온통 뒤덮은 황무지를 떨쳐보려 하지만
그건 어쩔 수 없는 그리움,
미친 듯 어지러운 내 머리칼을 빗어보네.

어둠이 드리워 나는 미친 듯 내달리고
찻집에서 차를, 술집에서 술을 마셔 본다.
불행히도 평범한 연인들 틈에서
눈이 초롱초롱 빛나는 그대가 보이네!

---

3 판모화(潘漠华)의 필명.

벽 한 귀퉁이 의자에 가만 가만히 앉아
캄캄한 사방을 둘러보네.
어찌 이다지도 아름다운 한 폭의 그림이던가.
어둠 속 서로에게 꼬옥 안긴 연인들이여!

홀로 나갔다가 또 외로이 돌아오네.
길가의 수많은 돌맹이 모두 헤아리고
그 곁에 자그맣게 웅크린 봄풀을 모두 뽑아버리네.
어찌 이다지도 나를 힘들게 하나요, 그대여!

작품 감상 《뤄자의 소야곡》은 판모화의 애정시집으로, 시 23수가 수록되어 있다. 애정시 23수는 글자 하나하나에 정을 담고 있으며 한 마디 한 마디에서 피를 흘리는 듯한 아픔을 느낄 수 있다. 그의 시에 등장하는 '그대'는 사랑하는 연인이자, 그가 사랑한 시혼(詩魂)이라고도 볼 수 있다.

'뤄자(若迦)'는 판모화의 필명이며, 불교용어로서 먼 곳, 조용한 곳, 가장 한가한 곳, 인가와 떨어져 출가하는 사람이 수행하기에 알맞은 장소 혹은 그런 사람들이 거주하는 곳으로, '아란뤄자(阿蘭若迦)', '뤄자(若迦)'라고 한다. 이 시는 마치 눈앞에 짧은 영상이 펼쳐진 듯 계속 이어지는 방황하는 주인공의 심정을 보여준다. 이 시에서 주인공은 주체할 수 없는 여러 가지 감정과 번민에 사로잡혀 이를 떨쳐버리기 위해 혼자 고독하게 길을 나서게 된다. 그러나 무작정 길을 나선 후 그 어디에서도 마음의 위안을 받지 못하고, 저녁이 되어 어찌해도 떨쳐 버릴 수 없는 끝없는 그리움을 가득 안은 채 무거운 발길을 돌려 돌아온다. 특히 형용할 수 없는 복잡한 심경을 주변 환경과 사물에 기탁하여 세밀하게 묘사하고 있다.

若迦夜歌(選一)

潘漠華

三月二十七朝

我靜思冥想,
我生前，你心是我底墳墓,
我死後，你心也是我底墳墓,
你發呀，就是我的墓草。

說不盡的思戀,
走不盡思路底蜿蜒;
妹妹呀，遠離戀人的旅客,
是如何如何的日長夜長呀!

把我手指当做一把鋤,
盡力鋤我頭頂的荒地,
那是思念得莫奈何了,
狂亂梳掠我紛披的頭髮。

夜來了，我就狂跑,
茶店裏去吃茶，酒店裏去吃酒,
但不幸，在一般無聊的伴侶底中間,
又望見你底明眼來了!

靜靜的坐在墻角的藤椅上,
放眼在園底黑暗的四圍:

這是如何的一幅美麗的圖畫啊，
一對兒女，偎抱在夜色裏！

獨自的出去，又獨自的歸來。
數盡路上的石塊，也拔盡
坐旁的迷迷的春草，
這是如何的倦人呀，妹妹！

選自《中國新文學大系》第八集，上海良友圖書印刷公司
一九三五年十月版

복숭아나무 아래

평쉐펑

복숭아꽃은 붉고
복숭아잎은 푸르네.
복숭아꽃 언니가 나에게 나무 아래에 앉으라 하네.
복숭아꽃 언니가 호의 가득
사랑 어린 눈길로 웃으며 날 보고 있네.
눈가에 가득한 사랑
바람에 실어 세상 사람에게 불어 흩뜨리네.

복숭아꽃 언니여!
내게 복숭아꽃 한 송이 주세요.
복숭아 열릴 때면
복숭아도 하나 주세요.
내가 들고 가서
그대의 여동생인 내 사랑에게
선물해 줄게요!

작품 감상 호반시인은 애정시로 시단을 놀라게 하였다. 그중 펑쉐펑의 애정시는 명랑하고 유창하여 마치 맑고 산뜻한 봄바람이 얼굴에 스치는 것 같다. 《복숭아나무 아래》는 두 단락으로 구성되어 있다. 첫 번째 단락은 의인화의 수법을 사용하여 복숭아꽃을 사랑스럽고 다정한 아가씨로 묘사하였다. 두 번째 단락 마지막 부분에서는 자신이 좋아하는 아가씨를 복숭아꽃의 여동생으로 비유하여 사랑하는 사람에 대한 간절한 마음을 로맨틱하게 나타냈다. 이 시는 한 폭의 아름다운 풍경화를 연상시킨다. 봄빛이 완연한 따뜻한 오후, 한 청년이 복숭아나무 아래에 앉아 다정한 눈으로 만개한 복숭아꽃을 보면서 사랑하는 연인의 얼굴을 떠올리고는 입가에 옅은 미소를 띤다. 청춘남녀의 풋사랑은 어른들이 보기에 약간 유치할지 몰라도 그들에게는 매우 애틋하고 소중한 감정이다. 그저 상대방을 생각만 해도 설레고 마냥 기쁘고 좋은 이 감정은 세상에서 가장 아름답고 솔직한 감정이 아닐까?

작가 소개 펑쉐펑(馮雪峰 : 1903~1976). 본명은 푸춘(福春)이고, 저장성 이우(義烏) 사람이다. 1922년 왕징즈 등과 호반시사를 조직하여 시집 《호반》을 출판했다. 1927년 공산당에 가입했으며 1928년 루쉰과 알게 되어 월간지 《맹아(萌芽)》를 편집하고, 루쉰과 함께 《과학적 예술론 총서(科學的藝術論叢書)》를 출간했다. 1931년 중국좌익작가연맹의 당서기를 맡았으며, 잡지 《전초(前哨)》를 편집·출판하였다. 1950년 상하이 시 문련(文聯) 부주석이 되었고, 1951년에는 베이징에서 인민대학교출판사 사장 겸 총편집을 맡았으며, 《문예보(文藝報)》의 주편 및 중국작가협회 부주석을 지냈다. 1954년 《홍루몽》 연구 문제와 '후펑 사건(胡風事件)'으로 비판 받았으며, 1957년에 우파로 낙인찍혀 《문예보》 주편직에서 쫓겨났다. 1976년 폐암으로 사망했으며, 1979년 복권되었다.

桃樹下

馮雪峰

桃花紅，
桃葉綠；
桃花姊姊請我桃樹下邊坐。
桃花姊姊眞好意，
桃花眼笑着來看我。
眼角情許多，
風吹散給世人呵！

桃花姊姊呀！
請你送我桃花一朵；
桃子結成時，
再請你送我桃子一個；
我要拿去，
送給你的妹妹 ——
我的愛人呵！

1922年 1月 3日 杭州

選自《雪峰的詩》，人民文學出版社一九七九年版

농촌의 연가(세 수)

허즈산

1

풍구 자루 속에
용안탕 한 그릇 있으니
한번 드셔 보세요.
올벼는 베어내야 하는데,
젊어져도
허리가 시큰거리지 말아야 할 텐데.

4

그들이 말하고 싶은 대로 말하고
익명의 방(榜)도 그들이 하고 싶은 대로 붙이라 하세요.
우리 사이 좋기만 하면
우리를 떼어놓지 못할 테니.

7

기침을 하세요!
뒷담에 와서.
그이는 산비탈에 가 잠 잘 것이고,
시어머니도 귀 어두우시니
걱정 말고 오세요.

작품 감상 허즈산은 중국문학계에서 그다지 잘 알려지지 않은 시인이다. 5·4 시기 이후 시단에 들어가면서 자신의 명확한 시 예술을 추구하였고, 작품 또한 농후한 농촌 생활의 정취와 생기 넘치는 정취, 평안하고 고요하며 아름다운 예술적 정취로 당시 독자들에게 사랑을 받았으며, 저우쭤런(周作人)과 주쯔칭 등으로부터 높은 평가를 받았다.

제1수에서는 연인이 힘든 농사일로 인해 허리를 다칠까 봐 걱정하는 여인의 마음을, 제4수에서는 남의 시선을 아랑곳하지 않겠다는 여인의 대범한 마음을 나타내었다. 제7수에서는 남편과 시어머니 몰래 연인과 만나기로 약속하는데, 사랑에 눈이 먼 여자의 속마음이 대범하고도 노골적으로 잘 표현되어 있다.

작가 소개 허즈산(何植三 : 1899~1977). 저장성 주지(諸暨) 사람이며, 5·4 운동 시기의 유명한 백화시 시인이다. 20년대 초 북경대학교에서 공부하고 둥처우팡(董秋芳)과 쉬친원(許欽文) 등과 함께 춘광사(春光社)를 조직했으며, 루쉰과 위다푸 등의 지도를 받았다. 동시에 베이징의 《신보부간(晨報副刊)》과 상하이의 《민국일보(民國日報)·각오(覺悟)》에 백화시를 발표했다. 1918년, 그리고 1925년부터 1963년 퇴직까지 40여 년간을 교직에서 보냈다.

1929년 상하이 아동도서관을 통해 시집 《농가의 보랏빛 풀내음(農家的草紫)》을 출판하였다. 후에 민간가요의 수집과 연구에 힘써 《노래와 신시(歌謠與新詩)》 등의 논문을 발표하였으며, 주쯔칭의 저술인 《중국신문학대계·시집》에 시 12수가 수록되어 있다.

農村的戀歌(選三)

何植三

一

風車的兜裏,
有碗桂圓的湯,
請喝喝吧!
早稻要割了,
挑起担來,
可不是要酸了腰骨。

四

說話任他們說
沒頭榜任他們貼;
只要我們要好,
割不開我們的。

七

咳嗽一聲吧!
從後墻來;
他要到坂裏去睡的,
婆婆是聾的,
放心的來吧。

1923. 3. 6.諸暨

選自《農家的草紫》, 亞東圖書館一九二九年十一月版

국수

원이둬

사랑하는 이여! 그대는 국수.

우리 장기 한 판 두어 보세.

나의 목적은 그대를 이기는 게 아니라오.

단지 그대에게 지고 싶을 뿐.

나의 영혼과 육체를

하나도 남기지 않고 주고 싶네!

작품 감상 〈국수〉는 독특한 애정시이며, 원이둬의 인생 태도와 심리를 이해하는 데 도움이 될 것이다. '사랑하는 이여! 그대는 국수', '단지 그대에게 지고 싶을 뿐'이라는 문장을 보면, 장기를 이기고 싶은 일반 사람과 달리 원이둬는 지고 싶다. 이것은 원이둬의 성실하고 평등한 인생관의 재현이다. 원이둬의 혼인은 부모들이 정해주는 전통적인 혼인이었지만 그는 부인 가오샤오전(高孝貞)을 성실하고 대등한 태도로 대하고, 그녀를 우한의 여자사범학교에 다니게 하였다. 원이둬는 전통적인 남존여비 관념에 반항하였다.

결혼 전 그도 현대적인 '연인'의 이미지를 상상했을 것이다. 그녀는 탁월하고 매력이 넘쳐 '나'의 마음을 완전히 정복하는 여자이며, '나'는 그녀에게 지고 싶고 시에서 묘사하는 것처럼 "나의 영혼과 육체를 하나도 남기지 않고 주고 싶었다." 그는 현실에서 자신의 혼인에 만족을 느끼지 못하여 자신이 원하는 완벽한 연인의 이미지를 구상하고 현실의 혼인을 조금이라도 보상받을 수 있길 바랐을 것이다.

작가 소개 원이둬(聞一多 : 1899~1946). 본명은 원자화(聞家驊)이며, 둬(多), 이둬(亦多), 이둬(一多)라고도 한다. 후베이성(湖北省) 시수이현(浠水縣) 사람. 신월파(新月派)의 대표시인이며, 초기 중국민주동맹(中國民主同盟)의 지도자이다. 칭화대학교(淸華大學), 산둥대학교(山東大學), 시난연합대학교(西南聯合大學) 등의 교수였으며, 1946년 국민당 요원에게 암살당했다.

시집 《홍촉(紅燭)》(1923), 《사수(死水)》(1928) 등이 있으며, 고전문학도 깊이 연구하였다. 대부분의 작품은 《원이둬 전집(聞一多全集)》 4권에 수록되어 있다.

國手

聞一多

愛人啊！你是個國手;

我們來下一盤棋；

我的目的不是要贏你,

但只求輸給你——

將我的靈和肉

輸得乾乾淨淨！

選自《紅燭》, 泰東書局一九二三年九月版

홍두

원이둬

1

홍두 같은 그리움이여!
알알이
생명의 자석 단지로 떨어졌네.
강하게 떨어지는 소리가
이렇게도 처참하고,
이렇게도 또렷하다니!

6

그리움은 소리 없는 모기.
살며시 물었는데,
갑자기 아프더니
한동안 미치도록 가렵구나.

7

내 마음은 방비 없는 빈 성,
한밤중에 갑자기 그리움에 습격당했네.
깃발처럼 흔들리는 내 마음,
항복할 수밖에.
나는 다만

그가 제멋대로 내 마음을 한번 불태우고 떠나길 바랐건만.
그가 영원히 점령하고서
성벽을 쌓을 줄은 꿈에도 몰랐네.

10

우리는 하나!
우리의 결합은
적어도 지구처럼 원만해요.
그러나 그대는 동반구,
나는 서반구.
우리들이 또 흘린 눈물은
망망한 태평양을 이루어
우리 둘을 갈라놓았어요.

14

나 그대에게 여기 시 몇 편을 보내요.
그대, 이 글자들을 다 알지 못한다 해도
그건 중요하지 않아요.
그대, 손가락으로
시를 살며시 어루만져 보세요.
의사가 환자의 맥을 짚듯이 말이죠.
그대, 아마 느낄 수 있을지도 몰라요.
글자들이 그대의 심장 박동과 함께
긴장하여 뛰고 있다는 것을.

40

만약 황혼 무렵
갑자기 천둥 번개를 동반한 폭풍우가 휘몰아친다 해도,
내 사랑, 겁내지 마요.
나 그대 손을 꼭 잡고
창가에 나란히 앉아,
우리, 아무 말도 하지 말고
서로를 바라만 봐요.
우리의 사랑이
하늘가에서 부딪혀
금화살 같은 눈부신 빛을 내어
우리들의 눈을 현혹시켜요.

41

시고, 달고, 쓰고, 맵고,
홍두는 모두 새빨갛지만
맛은 다 달라요.
매운맛은 예교(禮教)에게나 줘버리고,
쓴맛은 우리 둘이 나누어서 몽땅 삼키고요.
매실처럼 신맛은
오래 오래 씹어서 우리의 갈증을 풀어도 괜찮아요.
단맛은요!
아! 달콤한 홍두는 모두 이웃에 종자로 나눠 줘요.

작품 감상 〈홍두〉는 총 42수로, 시인이 멀리 대서양 맞은편에 있는 신부 가오샤오전에게 보내는 시이다. '홍두'는 산호처럼 붉어서 민간에서는 '상사두(相思豆)'라고 한다.

제1수에서 홍두가 알알이 '생명의 자석 단지로 떨어졌네', '강하게 떨어지는 소리'가 바로 '한밤중에 임을 그리워할 때' 들리는 심장 박동이며, '이렇게도 처참하고, 이렇게도 또렷하다니!' 또한 그리움에 대한 괴로움과 초조함이다. 제6수에서 '소리 없는', '살며시'는 그리움의 우발성과 돌연성을 말하였으며, '미치도록 가렵구나'는 임에 대한 집착과 고통스러움을 나타내었는데, 막을 수 없으며, 없앨 수도 없다. 제7수에서 그리움은 침략하는 군대처럼 '나'의 마음을 굴복시킨 후 내 마음을 차지한 점령자가 되었다. 제10수에서는 지구를 '우리'의 결합으로 비유하였는데, 매우 웅대하고 크다. 제40수에서 시인은 그들의 사랑은 견고하여 깰 수 없으며, 어떠한 대자연의 힘도 그들을 갈라놓을 수 없다고 굳게 믿었다. 제41수에서 시인은 역사의 '중간자'로서, '이웃'의 후대들은 순수한 달콤한 맛의 사랑을 느껴야 한다고 여겼는데, 이는 사랑을 대하는 현대 중국 청년들에 대한 원이둬의 진정한 바람이다.

紅豆

聞一多

一

紅豆似的相思啊！
一粒粒的
墜進生命底磁壇裏了……
聽他跳激底音聲，
這般淒楚！
這般淸切！

六

相思是不作聲的蚊子，
偷偷地咬了一口，
陡然痛了一下，
以後便是一陣底奇痒。

七

我的心是個沒設防的空城，
半夜裏忽被相思襲擊了，
我的心旌
只是一片倒降；
我只盼望——
他姿情屠燒一回就去了；
誰知他竟永遠占據着，
建設起宮墻來了呢？

一〇

我倆是一體了！
我們的結合，
至少也和地球一般圓滿。
但你是東半球，
我是西半球，
我們又自己放着眼淚，
做成了這蒼茫的太平洋，
隔斷了我們自己。

一四

我把這些詩寄給你了，
這些字你若不全認識，
那也不要緊。
你可以用手指
輕輕摩着他們，
象医生按着病人的脈，
你許可以試出
他們緊張地跳着，
同你心跳底節奏一般。

四〇

假如黃昏時分，
忽來了一陣雷電交加的風暴，
不須怕得呀，愛人！
我將緊拉着你的手，
到窗口并肩坐下，
我們一句話也不要講，

我們只凝視着
我們自己的愛力
在天邊碰着，
碰出些金箭似的光芒，
炫瞎我們自己的眼睛。

四一

有酸的，有甛的，有苦的，有辣的。
豆子都是紅色的，
味道却不同了。
辣的先教禮教嘗嘗！
苦的我們分着囫圇地吞下。
酸的酸得象梅子一般，
不妨細嚼着止止我們的渴。
甛的呢！
啊！甛的紅豆都分送給鄰家作種子罷!

選自《紅燭》，泰東書局一九二三年九月版

꿈에 답하다

주샹

나는 왜 아직도 놓지 못하는가.
나 지금 바다에 정처 없이 헤매어도
그대의 사랑은 밝게 빛나는 별처럼
맑고 고요한 하늘에서 나를 굽어보고
내 가라앉은 실망을 끌어올려
나를 용감히 앞으로 나아가게 하기 때문이네.

나는 왜 아직도 놓지 못하는가.
그대가 남겨 놓은 사랑이
나 몰래 꿈속에 찾아와
개구쟁이처럼 연극을 하는데,
나는 오래도록 이 꿈이 깨지 않고
그대와 오래도록 만날 수 있기를.

나는 왜 아직도 놓지 못하는가.
잊지 못할 우리의 시간들은
물결처럼 흔들릴수록 더욱 크게 번져나가네.
둑이 막아낸다 해도
호숫가 버들은 여전히 파르르 떨려오고
흔들리는 버들가지는 수면에 입 맞추네.

사랑은 세월이 흐를수록 뜨거워지네,
산의 아름다움이 멀어질수록 더해가듯.
종려나무의 푸른 그늘이 더욱 사랑스러워지는 것은
나그네가 사막을 지날 때일 것이네.
사랑아, 대신 대답해 주오.
나 어찌해야 그녀를 놓을 수 있는지를.

작품 감상 1연에서는 희망 없이 침몰해 버릴 것 같은 화자에게 등대와 같은 이미지로 다가와 이끌어 주는 그녀를 향한 그리움으로 인해 화자가 더욱 용기를 내게 되고, 2연에서는 꿈에서조차 사랑하는 이를 그리워하며 꿈이 깨지 않기를 간절히 바라는 마음이 여지없이 표현되어 있다. 3연에서는 '둑'이 그녀에 대한 사랑에 걸림돌이 된다 하더라도 이미 크게 번져가는 파동을 비유해 사랑을 포기할 수 없음을 우회적으로 표현하였다. 마지막 4연은 클라이맥스에 해당하는 부분으로, 표현이 가장 가슴에 와 닿는 부분이다. 화자는 '종려나무의 푸른 그늘이 더욱 사랑스러워지는 것은 나그네가 사막을 지날 때'일 거라고 했다. 참 익숙한 구절인데, "사막이 아름다운 이유는 오아시스 때문이다."라고 하는《어린왕자》의 한 대목이 떠오른다. 그녀를 향한 화자의 그리움이 아름다울 수 있는 이유는 나그네가 사막을 지나갈 때 고난과 시련이라는 갈증이 있기 때문에 종려나무의 푸른 그늘이 더 아름답게 다가올 수 있을 것이다.

작가 소개 주샹(朱湘 : 1904~1933). 시인이며, 자는 쯔위안(子沅)이고, 안휘성 타이후현(太湖縣) 사람이다. 1922년부터《소설월보》에 신시를 발표하기 시작했고, 문학연구회(文學硏究會)에 가입하였다. 1933년 12월 5일 새벽 상하이에서 난징으로 가는 배에서 투신자살을 하였다. 자오징선(趙景深)은 "그의 시는 왕유(王維)와 비슷했지만, 인생 역정은 두보(杜甫)와 비슷하다."라고 말한 것처럼 그의 삶은 방랑자와 같았다.
시집으로《초망집(草莽集)》(1927),《석문집(石門集)》(1934),《영언집(永言集)》등이 있다.

答夢

朱湘

我爲什麽還不能放下？
因爲我現在漂流海中，
你的情好像一粒明星
垂顧我於澄靜的天空，
　吸起我下沉的失望，
　令我能勇敢地前向。

我爲什麽還不能放下？
是你自家留下了愛情，
他趁我不自知的夢裏
頑童一般演起戲文——
　我眞愿長久在夢中，
　好同你長久的相逢！

我爲什麽還不能放下？
我們沒有撒手的辰光：
好像波圈越搖曳越大，
雖然堤岸能加以阻防，
　湖邊柳仍然起微顫，
　并且拂柔條吻水面。

情隨着時光增加熱度，
正如山的美隨遠增加；

棕櫚的綠蔭更爲可愛，
当流浪人度過了黃沙：
　愛情呀，你替我回話，
　我怎麼能把她放下？

1925年 5月 19日

選自《草莽集》，開明書店一九二七年八月版

열정

주샹

열정의 회오리바람 홀연히 몰아치더니
마음의 바다에 파도와 큰 물고기를 채찍질하고,
번개 같은 눈빛은 아득한 지난날을 비추며,
천둥 같은 소리는 끝없이 울린다.

우리는 묻는다, 어찌하여 수많은 별자리가
예부터 서로 방해 않고 운행할 수 있는지를.
인력, 바로 인력이 서로를 끌어당기기에
제일 강한 인력은 어찌 사랑이 아니겠는가?

사랑이 없는 이 지구는 죄가 많아
소멸 외에는 다른 방법이 없구나.
우리, 발로 차 부숴버리고
하늘에서 두 날개를 펼쳐 비상하자.

우리의 열정은 얼음을 녹여
달나라의 흰 토끼와 계수나무를 되살리고,
우리, 사랑의 뿌리를 잘라 버린 오강[4]을 묶어 던져
시리우스의 입을 막아 버리자.

---

4 오강(吳剛): 달에 있는 신선으로, 계수나무를 찍어 넘어뜨리는 벌을 받았으나, 계수나무는 찍자마자 다시 붙어버려 오강은 영원히 계수나무를 찍어 넘기지 못하였다.

우리, 유성의 흰 깃털 화살을 쏘아
추한 두꺼비와 악한 천구를 없애자.
우리, 혜성을 빗자루 삼아
더러운 모든 것들을 키에 쓸어 담자.

우리, 아홉 개의 태양을 모두 걸어
한 개는 가운데, 여덟 개는 사방을 밝게 비추어
이 세상이 더는 춥지 않게 하고
모든 암흑을 없애 광명을 되찾자.

우리, 북두로 은하수 떠 마시며
우리의 성공을 축하하자.
은하수를 다 마실 때쯤
견우와 직녀는 영원히 함께 할 것이다.

환락은 우리의 가슴속에서 폭발하여
우리를 한줌의 먼지로 남게 하고
찬란한 유성이 떨어지듯
하늘에는 꽃비가 가득하다.

작품 감상 이 시에서 작가는 세 번째 단락에서 "사랑이 없는 이 지구는 죄가 많아", "소멸 외에는 다른 방법이 없구나", "우리, 발로 차 부숴버리고" 등 구절의 묘사를 통하여 암흑에 대한 과감한 항쟁과 굳은 의지를 나타냈고, "추한 두꺼비와 악한 천구를 없애자", "더러운 모든 것들을 키에 쓸어 담자" 등의 구절에서는 작가의 바람과 희망을 표현하였다. 이 시에서는 부순다든지 잘라버린다는 과격하고 극단적인 표현들을 쉽게 발견할 수 있다. 전체적으로는 암흑을 없애고 광명을 부르짖는 작가의 정열적인 애국정신을 찾아볼 수 있다.

熱情

朱湘

忽然卷起了熱情的風飆，
鞭撻着心海的波浪、鯨鯤；
如電的眼光直射進玄古，
更有雷霆作嗓，叫入無垠。

我們問，爲什麽星宿萬千，
能够亘古周行，不相妨礙？
吸力，是吸力把它們牽住 ——
吸力中最强的豈非戀愛？

這無愛的地球罪已深重，
除去毁滅之外沒有良方。
我們把它一脚踢碎之後，
展開雙翼在大气內翱翔。

我們的熱情消溶去冰凍，
蘇醒轉月宮的白兎，桂花，
我們綁起斲情根的吳剛，
去扔去塡天狼的齒牙。

我們發出流星的白羽箭，
射死醜的蟾蜍、惡的天狗。
我們揮慧星的條帚掃除，

拿南箕撮去一切的污朽。

我們把九個太陽都掛起，
一個正中，八個照亮八方：
我們要世間不再有寒冷，
我們要一切的黑暗重光。

我們拿北斗酌天河的水，
來慶賀我們自己的成功。
在河水酌飲完了的時候，
牛郎同織女便永遠相逢。

歡樂在我們的內心爆裂，
把我們炸成了一片輕塵，
看那象燦爛的隕星灑下，
半空中彌漫有花雨繽紛！

1925年 8月 24日

選自《草莽集》，開明書店一九二七年八月版

나는 한 마리 어린 양

사오쉰메이

나는 한 마리 어린 양,
그대는 목장.
난 그대를 먹으며 그대 품에서 자고,
난 또 나를 그대에게 맡기네.

지는 해,
뜨는 달.
까만 밤이 손짓하니
어린 양들이 돌아갈 때 되었네.

어린 양들은 돌아가고,
목장은 양들을 잊어버렸네.
나는 돌아가지 않는 어린 양.
언제든지 그대 목장이랑 함께 하겠네.

작품 감상 이 시는 아내를 향한 깊은 사랑과, 사랑에 빠진 자신의 마음을 은유의 수법으로 표현하였다. 이 시는 크게 세 부분으로 나눌 수 있는데, 첫 번째 부분에서 시인은 자신을 어린 양에 비유하고, 아내를 목장에 비유하면서 상호 의존적인 관계를 나타내었다. 두 번째 부분에서는 해가 질 때 양들이 다 목장을 떠나 축사로 돌아가는 자연의 이치를 통하여, 황혼기의 사랑은 점점 평범해지고 결국 사라지게 되는 이치를 나타내었다. 세 번째 부분에서는 대부분의 사람들이 만년에 사랑을 잃게 되는 것을 탄식하면서, 자신은 변함없이 영원히 아내와 함께 하겠다고 사랑의 선언을 하였다.

작가 소개 사오쉰메이(邵洵美 : 1906~1968). 본명은 사오윈룽(邵雲龍). 저장성 위야오(余姚) 사람이며, 작가이자 번역가이며 시인이다. 영국의 케임브리지대학교에서 영국문학을 공부하였다. 국제펜클럽(International PEN) 중국지사 이사장을 역임하였다. 대표 작품으로는 소설《귀족 구역(貴族區)》, 시집《천당과 오월(天堂與五月)》,《꽃 같은 죄악(花一般的罪惡)》 등이 있다.

我是隻小羊

邵洵美

我是隻小羊，
你是片牧場。
我吃了你我睡了你，
我又將我交給了你。

半暗的太陽，
半明的月亮，
嬰孩的黑夜在招手，
是小羊歸去的時候。

小羊歸去了，
牧場忘懷了。
我是不歸去的小羊，
早晚伴着你牧場。

選自《花一般的罪惡》，金屋出版社一九二七年版

떠나다

라오멍칸

당신을 위해 배를 만들 때 목수를 아끼지 않고,

당신을 위해 한밤중에 북서풍을 청하네.

당신이 조용히 떠난다고 말하기만 하면

돛대 위에 곧바로 돛을 달아 놓겠네.

작품 감상 라오멍칸은 기교면에서 엄정하게 문장을 수정하고 윤색하였으며 단순한 형상으로 담백한 시를 지었다. 그의 시는 모두 물처럼 맑고 깨끗하다. 4행시《떠나다》는 사랑하는 여인을 말없이 항상 뒤에서 도와주는 시인의 마음을 표현했다.

작가 소개 라오멍칸(饒孟侃 : 1902~1967). 본명은 라오쯔리(饒子離)이고 장시성(江西省) 난창(南昌) 사람이다. 외국문학을 연구하였으며 신월파 시인이다. 쓰촨대학교(四川大學), 중국인민대학교(中國人民大學), 베이징외교학원(北京外交學院) 등의 교수로 근무하였다. 주요 작품은 시집《니인집(泥人集)》등이 있다. 1967년 4월 2일 위암으로 세상을 떠났다.

走

饒孟侃

我為你造船不惜匠工,

我為你三更天求着西北風,

只要你輕輕說一聲走,

桅杆上便立卽掛滿了帆篷。

選自《新月詩選》, 新月書店一九三一年九月版

봄날의 노래

펑즈

라일락이여, 너는 언제 활짝 피었는가?
혹시 내가 그저께 그녀 때문에,
그녀 때문에 흐느끼고 있을 무렵인가?

해당화 꽃봉오리여, 너는 언제 이만큼 자랐는가?
혹시 내가 그녀 모습 떠올리며
수심 어린 얼굴이 거두어질 무렵인가?

제비여, 너는 언제 날아왔는가?
혹시 내가 어젯밤 너무나 그리워서,
그리움이 깊어질 그 무렵에?

라일락이여, 해당화여, 제비여, 난 아직도
그녀에게 '봄날의 노래'를 읊어주고 싶지만
봄날은 이미 저물어 가고 있구나!

작품 감상 벚꽃도 시들어 버리고 날씨가 점점 더워지는 계절에 어울리는 시이다. 화자가 그녀 생각에 잠겨있는 사이, 연보랏빛 라일락도 피고, 해당화 꽃봉오리도 자라나고, 제비도 날아와 그야말로 화창한 봄날의 연속이었는데, 어느덧 따스한 봄날은 서산에 기우는 해처럼 저물어 가고 있다. 이 시는 화자의 애타는 마음, 즉 사랑하는 그녀에게 언제나 따스한 봄날의 노래만을 불러 주고 싶다는 그런 마음을 잘 표현하였다.

작가 소개 펑즈(馮至 : 1905~1993). 본명은 펑청즈(馮承植), 자는 쥔페이(君培), 현대 시인이자 번역가. 허베이성(河北省) 줘저우(涿州) 사람이다. 5·4 운동의 영향을 받아 시를 쓰기 시작했다. 1921년 베이징대학교에 입학한 후 1923년에 문예단체 천초사(淺草社)에서 활동하다가 1925년에 친구들과 함께 침종사(沉鐘社)를 조직하여 많은 시와 산문을 발표했다. 작품으로는 시집《어제의 노래(昨日之歌)》,《북방 여행과 기타(北游及其他)》, 산문집《산수(山水)》 등이 있다. 루쉰으로부터 "중국에서 가장 걸출한 서정 시인"이라는 칭송을 받았다.

春的歌

馮至

丁香花，你是什麽時候開放的？
莫非是我前日爲了她，
爲她哭泣的時候？

海棠的花苞，你是什麽時候生長的？
莫非是我爲了她的憧影，
斂去了愁容的時候？

燕子，你是什麽時候來到的？
莫非是我昨夜相思，
相思正濃的時候？——

丁香，海棠，燕子，我還是想啊，
想爲她唱些“春的歌”，
無奈已近暮春的時候！

選自《昨日之歌》，北新書局一九二七年四月版

나는 작은 개울

펑즈

나는 작은 개울,
무심코 당신 곁을 돌아서 가고.
당신은 무심코 노을같이 아름다운 그대 모습을
나의 이 여리고 잔잔한 물결에 비추네요.

내가 숲을 흘러 지나니
잔잔한 물결은 이내 출렁이며
짙푸른 잎사귀 그림자를
당신의 옷으로 만드네요.

내가 꽃밭을 흘러 지나니
잔잔한 물결은 이내 반짝이며
애처롭고 아리따운 꽃 그림자를
당신의 화관으로 만드네요.

어쩔 수 없이 나는 결국
무정한 대해로 흘러 들어가고,
바다 위 바람은
 거세고 파도도 거칠어,
화관도 옷도 모두 부서졌네요!

나도 바다 물결을 따라 두둥실,

끝없는 곳으로 두둥실 흘러갔네.

노을같이 아름다운 그대 모습도

결국 노을처럼 허망히 부서져 버렸네요!

작품 감상 이 시는 색채가 선명하고 아름다우면서도 슬픈 애정시이다. 이 시를 읽노라면 마치 아름다운 영상 한 편을 보는 듯한 인상을 준다. 두 사람의 사랑은 세 단계를 거친다.

첫 번째 단계에서 정이 많은 남자를 잔잔한 물결처럼 여리디 여린 '개울'에 비유하였다. '개울'은 우연히 노을처럼 아리따운 아가씨를 만나서 사랑에 빠지고 결국은 '노을 같이 아름다운 그대 모습'에 반해서 천천히 큰 바다로 흘러간다. 개울과 개울가의 사람은 원래 전혀 관계가 없었는데 시인은 사람의 그림자가 물위에 비춰진다는 것에 착안하여 사람과 개울을 이처럼 가깝고 필연적인 운명으로 연결시켰다. 개울과 그림자를 통해 남녀 사이에 자연스럽게 싹트는 미묘한 사랑의 감정을 섬세하게 표현해냈다. 두 번째 단계에서는 개울이 숲속까지 흘러가도, 꽃밭으로 흘러가도 그 그림자를 잊어버릴 수 없는데, 이를 통해 그녀를 향한 나의 끝없는 사랑을 절절하게 표현하였다. 세 번째 단계에서는 바다 위의 거센 바람과 심한 파도가 화관과 옷을 모두 부숴 버린다. 나 자신도 무정한 파도로 인해 바깥으로 밀려나간다. 이러한 표현은 두 사람이 외부 요인 때문에 위기를 맞았음을 암시한다. 그러나 첫 구절에 등장한 '노을 같이 아름다운 그대 모습'이 마지막 구절에도 다시 등장하여 그녀에 대한 애정과 진심을 다시 한 번 드러냈다.

我是一條小河

馮至

我是一條小河，
我無心由你的身邊繞過——
你無心把你彩霞般的影兒
投入了我軟軟的柔波，

我流過一座森林——
柔波便蕩蕩地
把那些碧綠的葉影兒
裁剪成你的裙裳。

我流過一座花叢——
柔波便粼粼地
把那些淒艷的花影兒
編織成你的花冠。

無奈呀，我終於流入了
流入那無情的大海——
海上的風又厲，浪又狂，
吹折了花冠，擊碎了裙裳！

我也隨了海潮漂漾，
漂漾到無邊的地方——
你那彩霞般的影兒
竟也同幻散了的彩霞一樣！

1925年

選自《昨日之歌》，北新書局一九二七年四月版

눈 속에서

펑즈

감사합니다. 하느님이여, 이런 그림을 내려주셔서.
적막한 길가엔 우리 두 사람이 그려져 있네.
눈꽃은 꿈인 양 어지러이 날리는데
중간엔 생명력을 잃은 강이 놓여 있네.

나의 가슴엔 잿빛, 만년의 탄식,
너의 얼굴엔 오히려 붉은 주홍빛의 봄기운이 감도네.
나는 남몰래 생각해 본다, 만약 그림에도 목소리가 들린다면
내 마음에선 이런 말이 나왔을 테지. '사랑하는 아가씨!'

너는 나의 마음을 진정으로 이해하고도
오히려 덤덤히 한마디 말도 없이
멀리서나 가까이서나 관심 있는 듯 없는 듯
바람결에 눈발으로 우수수 날리네.

나는 더 이상 이런 침묵을 참지 못해
내 마음속 마지막 남은 목소리로 그림을 찢어버리네.
눈꽃은 여전히 꿈인 양 몽롱해지고
아찔한 몽롱함 속에서 더 이상 너와 나는 둘이 아니네.

작품 감상 이 시는 이별하고 난 후의 감정을 표현한 것이다. 이런 감정들은 첫 번째 연의 '생명력을 잃은 강', 두 번째 연의 '나의 가슴엔 잿빛', '만년의 탄식', 세 번째 연의 '우수수 날리네', 마지막 연의 '그림을 찢어버리네' 등에 나타나 있다. 안타까운 것은 화자는 상대방에게 아직 미련이 남아 있는 상태이지만, 상대방의 마음은 알 수 없거나 이미 떠나버린 것으로 짐작이 된다. 마지막 연에서 화자는 그림을 찢어버림으로써 모든 것을 잊고자 하는 것 같다.

雪中

馮至

感謝上帝呀，畫出來這樣的畫圖，
在這寂寞的路旁，畫上了我們兩個；
雪花兒是夢一樣的繽紛，
中間更添上，一道僵死的小河。

我懷裏是灰色的，歲暮的感傷，
你面上却浮蕩着緋色的春光——
我暗自思量啊，如果畫圖中也有聲音，
我心裏一定要迸出來："親愛的姑娘！"

你是深深地，懂得我的深意，
你却淡淡地，沒有一言半語；
一任遠遠近近的有情無情，
都無主地，飄蓬在風裏雪裏。

最後我再也忍不住這樣的靜默，
用我心裏惟一的聲音，把畫圖撕破！
雪花兒還是夢一樣地迷濛，
在迷濛中，再也分不清楚你我。

選自《北游及其他》，北平沉鐘社一九二九年八月版

온유

리진파

제4수

나는 당돌한 손끝으로
그대 살결의 온기를 느꼈네.
어린 사슴은 숲 속에서 길을 잃고,
마른 낙엽의 소리만 들리네.

그대의 가녀린 소리가
나의 황량한 가슴속엔 고함으로 들리네.
모든 것을 정복한 나,
창을 부러뜨리고 방패를 부수네.

그대 '눈가에 머금은 사랑'은
마치 백정이 도살할 것을 예시하는 것 같네.
입술? 그건 바라지도 않겠소.
그대의 팔이라도 잡을 수 있으면 만족하네.

나는 신화의 황당함을 믿으나
여자의 사랑을 믿지 않네.
(난 원래 비교에 익숙하지 못하나)
그대는 확실히 소설 속의 목자 같네.

나는 모든 음악을 다 연주해도
그대의 귀를 즐겁게 할 방도가 없고,
모든 색을 다 칠해도
그대의 아름다움을 그려낼 방법이 없네.

작품 감상 이 시는 리진파의 첫 시집인 《이슬비(微雨)》에 수록된 연작시 〈온유〉의 제4수로, 다섯 단락으로 나누어져 있다. 첫 번째 단락에서는 내가 그대의 살결을 접촉한 후의 심리적인 느낌, 즉 마치 첫사랑과 같은 신비하고 조심스러우며 달콤하고도 당황한 심리를 은밀하고 섬세하게 표현하고 있다. 두 번째 단락에서는 아무것도 두렵지 않은 내가 그녀의 가녀린 소리에 속수무책으로 무장 해제된 모습을 묘사함으로써 내가 영락없이 그대의 포로가 되었다는 것을 묘사하고 있다. 세 번째 단락에서는 남다른 상상력으로 그대의 눈가에 머금은 마지막 한 가닥의 연민의 감정을, 도살자가 칼을 휘두르기 전에 도살당할 동물에 대한 연민으로 비유해서 자신이 실연당할 것임을 예감하고 있다. 네 번째 단락에서는 그대의 무정함을 원망하면서도 자신은 어쩔 수 없이 그대를 향한 사랑에서 벗어나지 못하고 있는 심정을 토로하고 있다. 마지막 단락에서는 내가 그대의 환심을 사기 위해 온갖 노력을 해도 그대는 감동하지 않는 안타까움을 드러내면서 이런 무정한 그대를 차마 미워하지 못하고 여전히 사랑하고 있는 자신의 진심을 생생하게 그려내고 있다.

작가 소개 리진파(李金髮 : 1900~1976년). 본명은 리수량(李淑良), 광둥성(廣東省) 메이현(梅縣) 사람. 프랑스에 유학하여 조각과 유화를 공부하였다. 그는 보들레르를 비롯한 프랑스 상징주의자들의 영향을 받아 퇴폐적이고 신비적인 상징주의 시를 최초로 중국 시단에 소개한 중국 상징시의 선구자이다. 그의 시는 생략, 의인, 독특한 관념 연결 등의 상징적 수법으로 인생과 운명의 비애를 몽롱하고 황홀하게 그려내었다. 그런 반면 그의 시는 괴상하고 생소한 신조어로 감각 및 감정의 표현에 주력한 나머지 난해하고 번역어 같은 경향이 짙다는 비판을 받았다. 1951년 미국으로 이민 갔으며, 1976년 병사하였다. 시집으로 《행복의 노래(爲幸福而歌)》, 《식객과 흉년(食客與凶年)》, 《이슬비》 등이 있다.

溫柔

李金髮

四

我以冒昧的指尖，
感到你肌膚的暖气，
小鹿在林裏失路，
僅有死葉之聲息。

你低微的聲息，
叫喊在我荒凉的心裏，
我，一切之征服者，
折毁了盾與矛。

你"眼角留情"，
象屠夫的宰殺之預示；
唇兒麽？何消說！
我寧相信你的臂兒。

我相信神話的荒謬，
不信婦女多情。
(我本不慣比較，)
但你确象小說裏的牧人。

我奏盡音樂之聲，
無以悅你耳；
染了一切顏色，
無以描你的美麗。

選自《微雨》，北新書局一九二五年十一月版

비겁한 세상

쉬즈모

이곳은 비겁한 세상,
사랑을 용납하지 않고 연애도 용납하지 않아!
그대, 머리카락 풀어헤치고
맨발로
나를 따라오시오. 내 사랑아,
이 같은 세상 버리고
우리 사랑을 위해 목숨을 바치자!

나 그대 손잡고
내 사랑 그대는 날 따라 오시오.
가시가 우리의 발바닥을 마구 찌르더라도
우박이 우리의 머리를 때리더라도
그대 날 따라 오시오.
나 그대 손잡고
속박에서 벗어나 자유를 되찾으리라!

날 따라오시오.
내 사랑!
세상은 이미 우리 뒤에 떨어져 있소.
보시오. 끝없이 펼쳐진 바다 아니오?
끝없이 펼쳐진 바다,

끝없이 펼쳐진 바다,
끝없는 자유, 나는 그대와 사랑하리라!

내 손끝을 따라 보시오.
저 멀리 한 점 푸른 빛
그것은 섬이고, 그 섬에는 파릇파릇한 풀과
꽃, 달리는 짐승과 아름다운 새들이 있소.
어서 빨리 작은 배에 올라
사랑, 기쁨, 자유가 가득한 꿈의 천국으로 갑시다.
세상과 이별을 고하며, 영원히!

작품 감상 《비겁한 세상》은 시인이 암흑 같은 현실세계를 부정하고 이상세계를 갈망한 작품이다. 이 시는 쉬즈모가 유부녀인 루샤오만(陸小曼)과 서로 사랑을 한 1925년에 쓴 시인데, 당시 많은 사람들이 그들의 관계를 반대했다. 쉬즈모는 인간에 대한 구속과 전통적 도덕관념을 뼈저리게 느꼈으며, 무겁게 짓누르고 있는 정신적 고통을 가슴속 깊이 느꼈기에 당시 그가 처한 상황과 심정을 이 시로 썼다. 시인은 낭만적인 필치로 구시대를 부정하는 동시에 더 큰 열정으로 꿈의 천국을 긍정적으로 표현하였다. 우리는 이 시를 통해 시인의 아름다운 이상과 들끓는 격정, 그리고 어두운 현실을 부정할 수 있는 정신을 더 많이 느낄 수 있다. 이 시는 구성이 치밀하고 전개가 빠르며, 선명한 리듬감과 선율감 그리고 감정의 절제와 간결함 등 쉬즈모의 예술적 감각이 돋보인다.

작가 소개 쉬즈모(徐志摩 : 1896~1931). 저장성 하이닝(海寧) 출생. 상하이의 후장대학(滬江大學)과 베이징대학교에서 수학하고, 미국과 영국에 유학하였다. 귀국 후 대학에서 교편을 잡으면서 시인으로서 많은 작품을 썼으며, 원이둬(聞一多)와 함께 중국 현대시의 개척자가 되었다. 1924년에 인도의 시인 R. 타고르가 중국을 방문하였을 때 통역을 맡았고, 타고르 소개에 공헌하였다. 1928년에는 후스 · 량스처우(梁實秋) · 원이둬 · 뤄룽지(羅隆基) 등과 함께 신월파를 조직하였다. 주요 저서에는 《피렌체에서의 하룻밤(翡冷翠的一夜)》, 《즈모의 시(志摩的詩)》 등이 있다.

這是一個懦怯的世界

徐志摩

這是一個懦怯的世界:
　容不得戀愛，容不得戀愛！
披散你的滿頭髮，
赤露你的一雙脚；
　跟着我來，我的戀愛，
拋棄這個世界
殉我們的戀愛！

我拉着你的手，
愛，你跟着我走；
　聽凭荊棘把我們的脚心刺透，
　聽凭冰雹劈破我們的頭，
你跟着我走，
我拉着你的手，
　逃出了牢籠，恢復我們的自由！

　跟着我來，
　我的戀愛！
人間已經掉落在我們的背後，——
看呀，這不是白茫茫的大海？
白茫茫的大海，
白茫茫的大海，
　無邊的自由，我與你戀愛！

順着我的指頭看，
那天邊一小星的藍 ——
　那是一座島，島上有青草，
　鮮花，美麗的走獸與飛鳥；
快上這輕快的小艇，
去到那理想的天庭 ——
　戀愛，歡欣，自由 —— 辭別了人間，永遠！

選自《志摩的詩》，現代評論社一九二五年初印

눈꽃의 기쁨

쉬즈모

만약 내가 한 송이 눈꽃이라면
멋지게 공중을 훨훨 날아올라,
내 갈 곳을 또렷이 알아 두겠네.
날아올라 날아올라 날아올라,
이 땅에 내 갈 곳이 있네.

그 고요한 산골짜기에는 가지 않을 것이고,
그 싸늘한 산기슭에는 가지 않을 것이며
인적 없는 곳에 가 쓸쓸히 있지 않을 것이다.
날아올라 날아올라 날아올라,
보아라, 내겐 갈 곳이 있네.

부드럽고 아름답게 춤추듯 공중에 흩날리며,
아름답고 그윽한 머물 곳을 알아보니,
그녀가 화원에 오기만을 기다려
날아올라 날아올라 날아올라,
아, 그녀의 몸에 홍매의 맑은 향기가 있네!

그때 나는 가벼움을 빌어
사뿐사뿐 그녀의 옷자락에 스며드네.
그녀의 부드러운 물결 같은 가슴에 다가가
녹아 녹아 녹아,
그녀의 부드러운 물결 같은 가슴으로 녹아드네!

작품 감상 《눈꽃의 기쁨》은 순수시에 속한다. 여기에서 현실적인 '나'는 이미 사라지고 '나'를 대신해 눈꽃이 등장하여 '멋지게 공중을 훨훨 날아오른다'. 이 눈꽃은 시인의 생각을 담은 눈꽃이고 감지 능력이 있는 눈꽃이며 사람의 화신이라서 그는 아름다움을 위해 죽을 것이다. 특히 돌이켜볼 만한 것은 그는 아름다움을 추구하는 과정에서 아픔과 절망을 하나도 느끼지 않고 선택의 자유로움과 사랑의 기쁨을 누리고 있다. 눈꽃이 '날아올라 날아올라 날아올라'에서는 결연하고 즐겁고 흘가분한 마음을 나타냈다. 아름다운 그녀는 그윽한 곳에서 살며 눈 속의 정원을 드나들면서 온 몸에 홍매의 향기를 발산한다. 부드러운 물결이 있는 호수 같은 마음을 가진 그녀는 현대미학의 영원한 환상이다.

雪花的快樂

徐志摩

假如我是一朵雪花，
翩翩的在半空裏瀟灑，
　我一定認淸我的方向——
　飛揚，飛揚，飛揚，——
這地面上有我的方向。

不去那冷漠的幽谷，
不去那凄淸的山麓，
　也不上荒街去惆悵——
　飛揚，飛揚，飛揚，——
你看，我有我的方向。

在半空裏娟娟的飛舞，
認明了那淸幽的住處，
　等着她來花園裏探望——
　飛揚，飛揚，飛揚，——
啊，她身上有朱砂梅的淸香！

那時我凭借我的身輕，
盈盈的，沾住了她的衣襟，
　貼近她柔波似的心胸——
　消溶，消溶，消溶——
溶入了她柔波似的心胸！

選自《志摩的詩》，現代評論社一九二五年初印

양쯔 강변에서 연방 샀네

쉬즈모

양쯔 강변에서 연방(蓮房) 한 송이 샀네.
　한 겹 한 겹 껍질 벗기다가
　눈앞에서 날고 있는 갈매기 보네.
　그렁그렁한 눈물 삼키며
그대 생각하고 또 생각하네. 아 샤오룽!

연밥 맛보며 따스했던 지난날을 떠올리네.
　그 계단 앞, 말아 올리지 않은 겹발,
　마음을 합친 기쁜 우리 사랑을 보호해주고,
　나는 또 그대의 맹세를 듣네.
"나의 몸, 나의 영혼, 영원히 그대의 것."

연심 맛보니, 내 마음 연심보다 더 쓰네.
　기나긴 밤 두려움에 떨며
　벗어날 수 없는 악몽,
　나의 고통, 누가 알까?
그대 때문이라네. 내 사랑, 나 이제 어떻게 살아가야 할지.

하지만 당신을 책망할 수 없고, 차마 그대 마음 변했을 거라 의심하지 못하는,
　여리기만 한 이내 마음.
　그대는 나의 것! 나는 예전처럼
　그대를 꼬옥 껴안네.
하늘이 무너져 내린다면 모를까. 하지만 누가 그런 날을 상상할 수 있을까?

작품 감상 이 시는 루샤오만에 대한 그리움과 진실한 사랑을 그린 애정시이다. 시인은 단도직입적으로 품고 있는 생각을 토로하지 않고 객체인 '연방(蓮房)'을 선택하였다. 연방이 있어서 감정이 생기고, 연방을 빌려 생각을 점점 전개하고 감정을 한층 한층 심화시켜 나갔는데, 이것이 이 시의 특색이다.
첫째 단락에서 시인은 연밥을 맛보는데, 사실 시인이 진정으로 맛보는 것은 자신의 내면의 감정이다. "그렁그렁한 눈물 삼키며"에서는 비록 우수와 슬픔을 지녔지만 참을 수밖에 없는 고통의 외침이 들린다. 둘째 단락에서, 연밥을 맛보며 달콤했던 지난날을 회상하고, 쓰디 쓴 연심을 맛보며 사랑 때문에 가슴 졸이며 괴로워하는 자신을 연상한다. 연밥을 맛보면서 예전의 아름답고 즐거웠던 때를 회상하는데, 그들의 사랑은 마음과 마음이 서로 통하는 사랑이다. 셋째 단락에서, "그대 때문이라네. 내 사랑, 나 이제 어떻게 살아가야 할지?"라고 하며 고통의 원인을 연인의 탓으로 돌리지만, 사실은 지금 사랑하는 연인이 눈앞에 없고, 연인을 향한 그리움이 매우 깊기 때문에 괴로운 것이다. 넷째 단락에서 시인은 연인에 대한 사랑이 너무 깊어 설령 연인이 변심하거나 저버린다고 해도 연인을 책망하거나 의심할 수 없다고 한다. 시인은 그들 중 누가 사랑을 저버릴 날이 올 거라고는 상상하지 못한다. 오직 하늘이 무너진다면 모를까. 시인은 서로 변치 않고 서로 통하는 사랑이면 아무도 이들을 방해하지 못한다고 믿는다.

我來揚子江邊買一把蓮蓬

徐志摩

我來揚子江邊買一把蓮蓬;
　手剝一層層蓮衣,
　看江鷗在眼前飛,
　忍含着一眼悲淚——
我想着你，我想着你，阿小龍!

我嘗一嘗蓮瓤，回味曾經的溫存：——
　那階前不卷的重帘,
　掩護着同心的歡戀,
　我又聽着你的盟言,
“永遠是你的，我的身體，我的靈魂。”

我嘗一嘗蓮心，我的心比蓮心苦;
　我長夜裏怔忡,
　掙不開的惡夢,
　誰知我的苦痛？
你害了我，愛，這日子叫我如何過?

但我不能責你負，我不忍猜你變,
　我心腸只是一片柔:
　你是我的！我依舊
　將你緊緊的抱摟——
除非是天翻—— 但誰能想象那一天?

選自《翡冷翠的一夜》，新月書店一九二七年九月版

달밤 꿈에 돌아와 노래를 짓다

주다난

기이한 옅은 빛이 고요한 밤 꿈을 가득 채워
짙푸른 처마 밑 소복 한 자락 나부끼네.
급히 옷자락을 붙들어 그대에게 말을 건네는데
정원 안 깊은 곳 눈꽃 같은 낙화 흩날리네.

홀연 깨어나 텅 빈 벽을 마주하니
눈꺼풀을 살짝 긁은 누군가의 장난인 듯.
그대가 아니네. 그건 그대의 창백한 얼굴이 아니네.
나는 그대가 지창(紙窗)을 벗어나 멀어져 가는 것을 똑바로 보며
멀리서 멍하니 하얀 이를 드러냈네.
그대는 어찌 꿈속을 실없이 오가는가.

작품 감상 이 시는 화자의 넋두리처럼 몽환적인 상태를 보여주고 있다. 1연은 꿈의 세계를, 2연은 꿈에서 막 깨어난 상태를 각각 묘사하고 있다. 미묘한 기분이 드는 밤 꿈속에서 주인공은 흩날리는 그녀의 소복자락을 붙잡고 애타게 말을 건다. 하지만 꿈일 뿐. 다시 현실로 돌아온 그는 멍하니 멀건 벽을 쳐다보고 그녀가 멀어져 가는 모습을 어쩔 수 없이 그저 바라만 보고 있다. 주인공에게 꿈은 그녀와 만날 수 있는 세계이고 깨어난 후의 현실은 그대가 멀어져 가는 것을 지켜볼 수밖에 없는 세계이다. 주다난은 현실과 절연체로써 '꿈'을 꾸며 현실에서는 실현 불가능한 '그대'를 만난다.

이 시에서 주목할 만한 것은 시인이 갖고 있는 의식세계가 하나의 색채로 통일되고 있다는 사실이다. 바로 '소복', '눈꽃 같은 낙화', '하얀 이' 그리고 제목에 사용한 '달'은 모두 하얀 색채인데 이러한 하얀 색채는 '그대의 창백한 얼굴'과 연결되어 있다. 꿈과 현실의 찰나의 순간에 느껴지는 상반되는 상황에서 시인은 당황하지 않을 수 없다. 그래서 시인은 끊임없이 꿈꾸기를 시도하는지도 모른다.

작가 소개 주다난(朱大枏 : 1907~1930). 쓰촨성 바현(巴縣) 사람. 1926년 4월에는 쉬즈모 등과 《신보부간(晨報副刊)·시전(詩鐫)》에서 활동하였으며, 1927년에 만든 반월간지 《황도(荒島)》 에도 참여하였고, 이후 도연사(徒然社)에 참여하였다. 1930년 대학을 졸업하고 오래지 않아 병으로 세상을 떠났다. 그의 시가 작품은 《신보부간·시전》에 8수가 발표되었고, 《재리집(災梨集)》에 22수가 수록되어 있다. 그의 작품에는 질병과 고통 등의 편치 않은 삶의 흔적들이 회화적인 이미지들로 가득 그려져 있다.

月夜夢回作歌

朱大枬

靈異的薄光彌漫淸宵的夢裏，
陰綠了的廊下飄起一角素衣。
我突然捉住了衣角和你說話，
深院裏灑一陣香雪似的落花。

忽然醒回對着白莽莽的空壁，
仿佛誰輕輕的嚙着眼皮淘气。
那不是你，那不是你蒼白的臉！
我看准你跳出紙窗，越走越遠，
遠遠的露着白齒發着痴。
你爲什麽在夢裏無端的來去？

選自《災梨集》，文化學社一九二五年十二月版

산행

다이왕수

아침노을 같은 그대 얼굴을 보며
나, 지는 달의 비애를 느낀다.
하늘 구름 조각 같은
걱정과 원망이 내 맘에 불어온다.

지저귀는 새소리와 같은 그대의 소리를 듣지 못하니
나는 시냇물처럼 울고 싶네.
이슬 맺힌 산꽃처럼
나도 모르게 눈물을 글썽이네.

우리, 희미한 산길을 천천히 걸으니
꿈의 향기가 옷자락으로 불어오네.
아침노을과 지저귀는 새와
당신의 끝없는 애정과 함께.

작품 감상 이 시는 연인이 멀리 떠나기 전에 함께 산행을 하면서 느끼는 오묘한 감동을 잘 표현하고 있다. 시에 나타나는 괴로움, 슬픔, 방황, 실망, 절망, 아득함과 같은 복잡한 감정은 사회와 인생에 대한 작가의 복잡한 감정이다. 상징주의의 영향을 받은 시인은 이 시에도 상징주의 수법을 사용했다. 그는 '아침노을 같은 그대 얼굴'과 '지저귀는 새소리'를 통해 연인의 아름다움과 고귀함을 표현하였으며, '지는 달의 비애'와 '시냇물처럼 울고 싶네'를 통해 자기 마음속의 슬픔을 암시하였다. 이 시는 산길에서 연인을 배웅할 때 연인과 헤어지기 아쉬워하는 쓸쓸한 감정을 드러냈다.

작가 소개 다이왕수(戴望舒 : 1905~1950). 저장성 항현(杭縣) 출신. 초기에는 마르크스주의 문학논총(文學論叢)의 편집 · 번역에도 관여하였으나, 작품은 프랑스 상징시의 영향을 받은 관념적 · 신비적인 시가 많으며, 현대시파(現代詩派)의 대표 시인이다. 항일 전쟁이 벌어진 후에는 시풍(詩風)이 변하여 홍콩에서 항전시를 발표하였는데, 특히 1941년 일본군에 붙잡혀 홍콩의 옥중(獄中)에서 쓴 시 《내 망가진 손바닥으로(我用殘損的手掌)》는 굽힐 줄 모르는 시인의 의지와 애국의 정을 노래하였다. 시집으로는 《나의 기억(我底記憶)》(1931), 《왕수초(望舒草)》(1934) 등이 있다.

山行

戴望舒

見了你朝霞的顏色，
便感到我落月的沉哀，
却似曉天的雲片，
煩怨飄上我心來。

可是不聽你啼鳥的嬌音，
我就要象流水地嗚咽，
却似凝露的山花，
我不禁地淚珠盈睫。

我們彳亍在微茫的山徑，
讓夢香吹上了征衣，
和那朝霞，和那啼鳥，
和你不盡的纏綿意。

選自《望舒詩稿》，上海雜志公司一九三七年一月版

마지막 잎새

다이왕수

남자

보아요, 빗방울에 젖은 잎새가
흔들흔들 나뭇가지에 붙어 있네.
(눈물에 젖은 사람이 조용히 그대 마음속에 달라붙네.)
잎새는 주저하며 산들바람을 무서워하네.
아득한 하늘로 불어 보낼까봐.

여자

보아요, 나무를 사랑한 저 새가
이제는 하늘 끝으로 날아가려고 하네.
(나의 마음은 잎새와 같네. 그대, 무정한 사람아, 떠나려 하는가)
잎새는 가련히 산들바람을 기다려
바람 따라 연인의 자취를 쫓아가려 하네.

남자

그럼, 그대는 잎새, 나는 저 산들바람,
그대가 나뭇가지에 있든 거리에 있든 나는 그대를 사랑했네.

여자

오세요, 그대가 그대의 산들바람을 불러일으키면
나는 내 마지막 잎새의 생명을 돌려 드릴게요.

작품 감상 다이왕수가 창작한 작품은 사랑의 실패와 이상이 실현되지 못한 환멸의 아픔을 주로 다루고 있다.
그의 시집을 보면 2개의 주제가 주를 이룬다. 하나는 애정에 관한 것인데 그가 말하는 애정은 고독하며 우울한 느낌이 대부분이다. 다른 하나는 고향을 그리워하는 것으로, 그는 고향을 그리워하는 것을 병이라 생각한다. 여기에서는 남녀의 뼈에 사무치는 집착, 아무런 원망도 후회도 없는 연정을 표현했다.

殘葉之歌

戴望舒

男子

你看，濕了雨珠的殘葉，
搖搖的停在枝頭，
（濕了淚珠的人兒 輕輕地貼在你心頭。）
它躊躇着怕那微風，
吹它到縹緲的長空.

女子

你看，那小鳥戀過枝葉，
如今却要飄飛天際。
（我底心兒和殘葉一樣，你啊，忍心人，你要去他方。）
它可憐地等待着微風，
要依風去追逐愛者底行踪。

男子

那麼，你是葉兒，我是那微風，
我曾愛你在枝上，也愛你在街中。

女子

來啊，你把你微風吹起，
我將我殘葉底生命還你。

選自《望舒詩稿》，上海雜志公司一九三七年一月版

후기

노래와 시로 사랑을 표현하는 것은 인류의 역사와 함께 시작되었다. 아마도 문자가 있기 오래 전에 이미 애틋한 사랑을 노래하고 가사를 읊조렸을 것이다. 애정이라는 이 오래된 주제는 영원히 젊은 상태로 우리 인간사회에 존재하고 있다. 역사가 바삐 흘러가면서 사랑의 노래를 부르고 읊조린 사람들은 이미 다 사라졌지만 그들이 부른 노래는 후세에 그대로 전해 내려오고 있다. 진지하고 아름다운 이러한 시편들은 긴 세월 동안 기적같이 청춘의 산뜻함과 아름다움을 보존하고 있기 때문에 대대로 젊은이들뿐만 아니라 나이든 사람들까지 감동시키고 있다. 중국 최초의 시집인 《시경(詩經)》을 펼쳐보면 그 첫 번째 시편이 〈관저(關雎)〉인데, 여기에는 이미 수천 년의 세월이 흘러도 영원히 변하지 않는 젊은이들의 애틋한 사랑이 녹아 있다.

애정(愛情)이란 어두운 사회 속에서도 여전히 그 사회의 모습을 드러내고 있는 일종의 기이한 물건이다. 우리가 오늘날 한 편 한 편 펼쳐서 읽는 아름다운 애정시는 실로 그 내용을 통해서 당시의 눈물 자국이나 혈흔을 엿볼 수 있다. 이러한 의미에서 본다면, 애정시란 여전히 시대의 발자국 소리를 전달하고 있다고 말할 수 있다. 설령 그 발자국 소리가 연약하고 가느다란 것일지라도 애정시는 자신이 처한 시대를 벗어난 적이 없으므로, 자연스럽게 그 한 시대의 진보적 활동을 쟁취할 수 있는 힘 있는 날개를 달게 되었다.

자유연애와 자유결혼을 노래한 1920년대 중국의 시편들은 암흑사회에 항쟁하거나 피압박자를 동정하는 민주주의 경향을 대표하는 시편들과 함께 출현하였다. 그것들은 사상해방이라는 진보적 진영에 함께 속했다. 이때 나타난 애정시들은 현실주의적인 태도로 명백히 서술하는 것에 치중하였고, 실생활의 정경을 묘사하고 상상을 중요시하지는 않았다.

시대가 냉혹한 전란 중이라도 애정을 주제로 한 시 창작은 중단될 수 없는 것이다. 설령 전쟁 중이라도 사람들은 서로 사랑하려고 하며, 또 서로 사랑하고 있다. 그러므로 언제나 애정시는 존재하고 있다. 전쟁으로 인한 위험과 재난을 경험하고 나서 얻은 사랑은 오랜 시간 그리워하는 고통 속에서 의외로 다시 만나는 기쁨을 얻은 것 같으니, 모두 상처 깊은 시대의 흔적을 애정시 속에 새기고 있다. 이와 같은 시편은 마땅히 개인의 슬픔과 기쁨을 서로 동정하며 노래한 것이라고 볼 수 있다.

마오쩌둥(毛澤東)이 1942년 〈연안문예강화(延安文藝講話)〉를 발표한 이후 문학이 정치를 위해 봉사할 것을 제창했기 때문에 시인들은 대부분 그런 의미 없는 애정시를 쓰려 하지 않았다. 애정시도 정치를 떠날 수 없다고 하여서 결국 정치 때문에 제약을 받았던 것이다. 그러나 시는 정치가 아니며 애정시는 특히 그러하다. 1949년 중공정부 수립 후 시인들은 모두 자신의 애정을 공개하는 것을 부끄러워하는 듯했다. 그것이 오래되니 그들은 모두 자기가 사랑에 대해 간절히 생각하고, 추구하고, 추억하는 것을 마음속으로 간직하는 데 익숙해졌다.

이 선집에 실린 시들은 중화민국 정부수립(1912년) 이후부터 마오쩌둥이 〈연안문예강화〉를 발표한 1942년까지의 중국현대 애정시를 모은 것이다. 정치성이 배제된 순수 애정시를 선별하여 엮었다. 대학원에서 중국현대시를 강의할 때 학생들과 토론하면서 한 편 한 편 작가의 심정을 헤아려 보려고 노력한 결과물이다. 그동안 발표한 대학원 동학들의 참신한 감상과 토론들이 없었다면 이 시 선집은 출간되기 어려웠을 것이다. 이 자리를 빌어서 함께 공부한 여러 동학들에게 감사의 뜻을 전한다. 번역에 부족한 점이나 오류가 있을 수 있다. 여러 제현(諸賢)들의 가르침을 받고자 한다.

2014년 여름

박운석

편역자 소개

박운석(朴雲錫)

서울대학교에서 학사, 석사, 박사학위를 취득하고 1980년 9월부터 영남대학교에서 교수로 재직하고 있다. ≪중국문화의 이해와 탐방≫ ≪中韓語法史的雙子星座≫ 등 저서와 ≪중국문학의 현실주의와 반현실주의≫ ≪홍암≫ 등의 번역서가 있다.

맹 유(孟維)

중국다롄(大連)외국어대학교 한국어과를 졸업하였고 경북대학교 대학원에서 석사학위(현대중국어어법)를 받았으며, 2013년 영남대학교 대학원에서 〈장애령(張愛玲) 중후기 소설창작 특징 연구〉 논문으로 박사학위를 받았다. 현재 영남대학교와 경북대학교에서 강의하고 있다.

김현주(金玄珠)

영남대학교에서 학사와 석사 학위를 취득하고 박사과정을 수료하였다. 영남대학교, 양주(揚州)대학교, 북화(北華)대학교 등에서 한국어를 강의하였으며, 현재는 영남신학대학교에서 강의하고 있다.